Abensberg
Geiselhöring
Vohburg
Plattling
Neufahrn
Pfeffen-
hausen
Plisting
Geisen-
feld
Mainburg
Isar
Landau
hofen
Dingolfing
Vilshofen
Passau
Simbach
Landshut
Pfaffenhofen
Moosburg
Vilsbiburg
Bad
Birnbach
Eggen-
felden
Inn
Pfarrkirchen
Pocking
Freising
Neumarkt-
St. Veit
Bad
Füssing
Erding
Taufkirchen
Dorfen
Simbach
Garching
Mühldorf
Neuötting
Inn
Altötting
Braunau
Ismaning
Wald-
kraiburg
MÜNCHEN
Kraiburg
Burghausen
Haag
Garching
Mattighofen
Ebersberg
Gauting
Unter-
haching
Ottobrunn
Wasserburg
Salzach
Grün-
wald
Obing
Trostberg
Seeon
Rott
Seebruck
Laufen
Oberndorf
Wolfratshausen
Feldkirchen-
-Westerham
Bad
Endorf
Chiemsee
Bad
Aibling
Rosenheim
Frauen-
-chiemsee
Prien
Herren-
Traunstein
Frei-
lassing
Isar
Holzkirchen
Weyarn
SALZBURG
Grassau
Bad Tölz
Tegern-
see
Schliersee
Bad
Reichenhall
Berchtes-
gaden
Walchsee
Lofer
WILDER KAISER
2344 m
Königs-
see
Achen-
see
Wörgl
Kitzbühel

Fortsetzung der Panorama-Karte auf den Nachsatzseiten

BILDFOLGE – Bilderreise durch Bayern
Contents – journey through Bavaria
Contenu – circuits touristiques à travers la Bavière

FREISTAAT

BAYERN

IM FARBBILD

ZIETHEN-PANORAMA VERLAG
D-53902 Bad Münstereifel, Flurweg 15
Telefon (0 22 53) 60 47 · Fax (0 22 53) 67 56

1. Auflage NEUBEARBEITUNG 1998

Gesamtherstellung:
ZIETHEN Farbdruckmedien GmbH
D-50999 KÖLN, Unter Buschweg 17
Telefon (0 22 36) 6 10 28 · Fax: (0 22 36) 6 29 39

Printed in Germany

Redaktion und Buchgestaltung: Horst Ziethen

Textautor und redaktionelle Beratung:
Hans F. Nöhbauer

Englisch-Übersetzung: Gwendolen Freundel
Französisch-Übersetzung: France Varry

ISBN: 3-929932-86-5

Bildnachweis auf der letzten Seite.

FREISTAAT BAYERN IM FARBBILD

Text: Hans F. Nöhbauer

ZIETHEN-PANORAMA VERLAG

Historische Karte von Bayern
(aus Stielers Handatlas – 1856)

Hans F. Nöhbauer: Wanderungen durch Bayerns Landschaft und Geschichte

Die Bayern gelten seit alten Zeiten bei sich und anderswo als besonders fromm. Vielleicht hat deswegen der liebe Gott, als er die Welt erschuf, ihr Land mit besonderer Liebe modelliert. Er gab ihnen hohe Berge im Süden und dazu das liebliche Alpenvorland mit seinen Seen, im Osten errichtete er einen Grenzwall aus Bayerischem Wald, Oberpfälzer Wald und Fichtelgebirge, mitten durch das Bayernland aber zog er in elegantem Schwung die Fränkische Alb, der er die Fränkische Schweiz mit ihren bizarren Felsformationen hinzufügte. Ehe er das bayerische Revier im Norden durch die sanft gerundeten Kuppen der Rhön und im Nordwesten mit dem wälderreichen Spessart abschloß, ließ er in vielen Windungen den Main durch ein fruchtbares Tal fließen.

So viel Sorgfalt er aber auch aufwandte – als Zutaten verwendete er überall nur Materialien, mit denen er auch anderswo auf dem Globus gearbeitet hatte: Gneis und Granit zum Beispiel, Schotter, Quarz, Kalkstein und Buntsandstein.

Vor etwa 15 Millionen Jahren, als die Welt bereits etliche Milliarden Jahre alt war, gab es für Bayern allerdings noch eine Zuwaage, einen Meteoriten von einem Kilometer Durchmesser, der in der Gegend Nördlingen-Wemding-Harburg einschlug und ein riesiges Loch von 20 km Durchmesser riß, das seither die Schwäbische von der Fränkischen Alb trennt und unter dem Namen Ries zu den geologischen Raritäten dieser Erde zählt. Das Phänomen ist so ungewöhnlich, daß die NASA ihre Astronauten vor dem ersten Mondflug zum geologischen Training hierherschickte.

Daß dieser ungewöhnliche Krater ausgerechnet in ihrem Lande liegt (wenn auch an dessen westlichstem Rand), ist nach dem Geschmack der Bayern, denn sie unterscheiden sich gerne vom Rest der Welt, und zu den größten Komplimenten, die sie kennen, gehört die Behauptung, daß bei ihnen die Uhren anders gehen als im übrigen Deutschland.

Mit diesem Deutschland aber hat Bayern ja seine gelegentlichen Probleme. Da es älter ist als das Reich – das Wort „bairisch" zum Beispiel ist mehr als zweihundert Jahre vor dem Wort „deutsch" nachgewiesen –, hat dieser Staat im Süden seine Eigenständigkeit immer gepflegt, und so hat der Landtag in München am 20. Mai 1949 nach einer vierzehnstündigen Debatte das Grundgesetz mit 101 gegen 73 Stimmen abgelehnt: Man wollte zwar der zu gründenden Bundesregierung beitreten, doch in der vorliegenden Form gebe die Verfassung den Ländern zu wenig Spielraum, es sei zu wenig föderalistisch.

Die eigenwillige Stellung Bayerns im Bund ist auch in der Bezeichnung festgeschrieben, mit der sich das Land in Urkunden und auf Grenztafeln vorstellt: Freistaat Bayern.

Nach der Abschaffung der Monarchien im Jahre 1918 hatten sich mehrere deutsche Länder „Freistaat" genannt, so gab es den Freistaat Sachsen, den Freistaat Mecklenburg-Schwerin, den Freistaat Braunschweig und acht thüringische Freistaaten (die sich allerdings schnell zu einem Staat zusammenschlossen). Die neugeschaffenen Länder legten die Bezeichnung nach kurzer Zeit ab, nur in Bayern, Sachsen und Thüringen behielt man die wohlklingende Bezeichnung bei, auch wenn damit weder Sonderstellung noch Sonderrechte verbunden sind. Bayern ist ein Bundesland unter anderen, allerdings nicht nur das älteste, sondern mit seinen 70.553 qkm auch das größte.

Zum Vergleich wird von bayerischen Patrioten gerne angeführt, daß Bayern so groß ist wie die Niederlande und Belgien zusammen, daß es die Schweiz und Dänemark an Fläche weit übertrifft und daß selbst Irland nur wenige hundert Quadratkilometer größer ist.

Auch im Bund der 16 deutschen Länder ist Bayern das größte Bundesland. Es ist zweimal so groß wie Nordrhein-Westfalen und das Land Hessen hätte auf bayerischem Grund dreimal, das Saarland gar siebenundzwanzigmal Platz.

Die Bedeutung und der wirtschaftliche Rang eines Staates wird aber längst nicht mehr nach Flächenmaßen berechnet; den Rang und den Erfolg nennen andere Zahlen, etwa das BIP, das Bruttoinlandsprodukt. Diese Statistik führt in der Bundesrepublik das mit 16 Millionen Einwohnern bevölkerungsreichste Land Nordrhein-Westfalen an, die zwölf Millionen Bayern folgen auf dem zweiten Platz; im Jahre 1997 mit 539,5 zu 701,6 Milliarden Mark.

Aus dem Agrarstaat Bayern ist nach dem Krieg ein Industriestaat geworden, in dem vor allem die neuen, die sogenannten Zukunftstechnologien hohe Zuwachsraten haben: Elektro- und Elektronikindustrie, Luft- und Raumfahrt, dazu zwei berühmte Automarken.

Während die Beschäftigungszahlen in der Landwirtschaft seit vielen Jahren rückläufig sind – da die Zahl der bäuerlichen Betriebe sank, bringt eine andere traditionelle bayerische Einnahmequelle steigende Zahlen: der Fremdenverkehr mit jährlich etwa zwanzig Millionen Urlaubern.

Natürlich kommen diese vor allem ins Oberland, zu den Bergen und den Seen, doch Bayern hat noch viele Attraktionen: den Pfaffenwinkel mit seinen barocken Kostbarkeiten, die bizarren Felsformationen der Fränkischen Schweiz, die weiten Waldlandschaften des Bayerischen Waldes und seines Nationalparks, die Weinlandschaften am Main, dazu noch München mit seinen großen Kunstsammlungen, den noblen Geschäften der Theatiner- und Maximilianstraße, den Biergärten und dem Olympiagelände von 1972 mit seiner kühnen Architektur...

Viele der Schönheiten und Sehenswürdigkeiten dieses beliebtesten deutschen Urlaubs- und Reiselandes zeigt die imaginäre Bilderreise, die in diesem Buche unternommen wird und die von Unterfranken in einem weiten Bogen und in vielen Exkursionen durch den ganzen Freistaat führt, ehe sie dann in Passau endet.

Man hat die alten Bayern in den Turbulenzen der Völkerwanderung offensichtlich übersehen, und als sie um das Jahr 550 bei einem gotischen Geschichtsschreiber erstmals und eher beiläufig erwähnt werden, sitzen sie bereits in jenem Land, das ihre späten Erben noch heute, nahezu anderthalb Jahrtausende später bewohnen. Es ist das sogenannte „altbayerische Fünfeck", gebildet aus den Regierungsbezirken Oberbayern, Niederbayern und Oberpfalz.

Zwar gab es in der langen Geschichte des Landes verschiedentlich territorialen Zugewinn – mal reichte das Herzogtum hinab bis hinter Verona, Ljubljana und Wien, ein andermal, um 1350, war sogar das dörflich-kleine Berlin bayerisch –, zuletzt blieb aber dann doch immer nur der Stammsitz zwischen Donau und Alpen sowie das Land im Norden und Nordosten von Regensburg. Es war das Bayern, in dem seit 1180 die Wittelsbacher herrschten. Zunächst als Herzöge, später als Kurfürsten sodann als Könige und zwischendurch auch zweimal ausgezeichnet mit der Würde eines deutschen Königs und Kaisers.

Der einzige Landerwerb, den die Familie über die Jahrhunderte hinweg für sich und Bayern retten konnte, war die im Jahre 1214 durch Heirat erworbene Kurpfalz mit den Städten Heidelberg und Zweibrücken.

Einige Jahrzehnte nach der Belehnung mit diesem weit im Westen gelegenen Territorium verfielen die Wittelsbacher auf den unseligen, verhängnisvollen Gedanken, daß man das Land – wenn Erbfall oder Uneinigkeit es günstig erscheinen lassen – unter mehrere Mitglieder der Familie aufteilen könne. So gab es zeitweise gleichzeitig ein Bayern-Landshut, ein Bayern-München, Bayern-Ingolstadt und Bayern-Straubing. Dieser für die Untertanen recht kostspielige, ärgerliche und oft mit Krieg verbundene böse Brauch endete erst 1506, als Herzog Albrecht IV. nach dem Landshuter Erbfolgekrieg in einem Primogeniturgesetz bestimmte, daß Bayern hinfort ungeteilt bleibe.

Die Pfalz freilich war in diesem Vertrag nicht mehr einbezogen, sie stand für den Herzog in München schon lange nicht mehr zur Disposition: Zwei wittelsbachische Brüder, die Herzöge Rudolf und Ludwig (der spätere Kaiser Ludwig IV. der Bayer) hatten sich nämlich 1317 nach einem langen Streit darauf geeinigt, daß einer – Herzog Rudolf – sich mit der Pfalz zufrieden gebe, während dem anderen Oberbayern mit der Residenzstadt München bleibe.

Rudolf hat diese Länderteilung nur kurz überlebt, und um nun in der Familie Frieden zu stiften, entschied Ludwig 1329 zu Pavia, daß die Pfalz seinen Neffen und deren Erben verbleiben sollte. Von nun an gab es wittelsbachische Fürsten in Bayern und in der Pfalz. Die Trennung war so gründlich, daß man zeitweise sogar gegeneinander in den Krieg zog; zum Beispiel am Beginn des Dreißigjährigen Krieges, als der Münchner Herzog Maximilian I. am Weißen Berg bei Prag siegreich gegen die Truppen des pfälzischen Kurfürsten und böhmischen Königs Friedrich, des sogenannten „Winterkönigs" antrat.

Zuletzt aber, als 1777 die bayerische Linie ausstarb, erbten die Pfälzer Wittelsbacher – Kurfürst Karl Theodor zog nach München. Bayern und Pfalz waren wieder vereint.

Obwohl der neue Landesherr für die Münchner 1789 den Englischen Garten anlegen ließ und die große wittelsbachische Gemäldegalerie zur Besichtigung freigab, war man in der bayerischen Haupt- und Residenzstadt glücklich, als er starb und sein pfälzischer Neffe Max Joseph nachfolgte.

Das 19. Jahrhundert fing für diesen neuen bayerischen Kurfürsten gut an, denn bei jenem Unternehmen, das den zungenbrecherischen Titel „Reichsdeputationshauptschluß" trug, erhielten die deutschen Fürsten – und mit ihnen auch Max IV. Joseph von Bayern – im März 1803 eine großzügige Entschädigung für jene rechtsrheinischen Gebiete, die Napoleon ihnen weggenommen hatte.

Der Wittelsbacher mußte auf die Pfalz sowie das zu ihr gehörende Herzogtum Jülich-Berg mit der Hauptstadt Düsseldorf verzichten, doch er erhielt für die 200 verlorenen rechtsrheinischen Quadratmeilen im Laufe der folgenden Jahre und nach mancherlei Länderschacherei 288 Quadratmeilen; einen Fleckerlteppich von sehr vielen kleinen und etlichen großen Herrschaften.

Als die Arrondierung um 1815 endgültig abgeschlossen wurde, gehörten zu Bayern unter anderem die bis dahin von Bischöfen regierten Hochstifte Freising, Bamberg, Eichstätt, Augsburg und Passau, Grafschaften wie Pappenheim, Schwabegg, Trauchburg und Ortenburg, dazu Reichsstädte wie Nürnberg, Memmingen, Lindau, Nördlingen, Dinkelsbühl und Windsheim, die Reichsabteien Ursberg und Irsee, die Markgrafschaften Burgau, die Markgrafentümer Ansbach-Bayreuth, die Reichsdörfer Gochsheim und Sennfeld. Und an Bayern zurückgegeben wurde zuletzt auch noch jene linksrheinische Pfalz, für die kurz zuvor die üppige Entschädigung gewährt worden war.

Weil aber Max IV. Joseph ein Glückskind war (eines, das freilich bei aller bäurischen Behäbigkeit die Gunst der Stunde stets flink und schlau zu nutzen wußte), besaß er vom 1. Januar 1806 an auch noch den ihm von Napoleon verliehenen Königstitel. Aus Kurfürst Max IV. Joseph war König Max I. Joseph geworden.

Und der hatte nun die Aufgabe, das neue Bayern – das Bayern, wie es sich (ohne die 1945 verlorene Pfalz) noch heute auf der Landkarte zeigt – zu einem einzigen Staat zu einen.

Bis zum territorialen Großreinemachen im frühen 19. Jahrhundert gehörte das Land den Bayern und Pfälzern. Nun aber, da Franken und Schwaben hinzukamen, wurde das Land ein Viervölkerstaat. Und offiziell ist Bayern das auch geblieben, als die Pfalz nach dem letzten Krieg verlorenging: „Die Bayerische Staatsregierung", hieß es im November 1962 in einem Dekret, „betrachtet die sudetendeutsche Volksgruppe als einen Stamm unter den Volksstämmen Bayerns"

Diese Adoption war nur eine Geste und eine Übergangslösung, denn niemand zweifelte daran – und inzwischen ist es auch erwiesen –, daß bereits die Kinder und Kindeskinder der nach Bayern vertriebenen mehr als 900000 Sudetendeutschen und der knapp 600000 Flüchtlinge aus den Gebieten östlich von Oder und Neiße echte, unverfälschte Bayern, Franken oder Schwaben sein würden und daß dann wohl auch für sie jene Aufgabenteilung gelten würde, die man früher, nicht ganz ernst gemeint, so umschrieb: Bayern ist ein Staat, der von Franken regiert, von Schwaben finanziert und von einigen Altbayern bewohnt wird.

Allerdings korrigieren die Einwohnerzahlen den Spruch, denn 3,8 Millionen Franken und 1,5 Millionen bayerische Schwaben sind zusammen weniger als die rund 5,7 Millionen Altbayern. Die Charakterisierung aber übertreibt einen Unterschied, der sicher vorhanden ist. Die Bewohner der südlichen und eines Großteils der östlichen Landeshälfte, die Bayern – die sich übrigens, als Stamm, mit einem „i" schreiben –, war stets ein auf seine bäurischen Traditionen bedachtes Völkchen. Noch heute zitiert man hier gerne – und weist dabei mit dem Finger auf sich selbst –, was der aus dem niederbayerischen Abensberg stammende Geschichtsschreiber Johannes Aventinus um 1520 geschrieben hat: „Das baierische Volk ist kirchlich, schlecht und recht, geht und läuft gern wallfahrten, hat auch viele kirchliche Aufzüge; legt sich mehr auf den Ackerbau und die Viehzucht als auf den Krieg, dem es nit sehr nachläuft; bleibt gerne daheim und zieht nicht viel zu Feld in fremde Länder; trinkt sehr, macht viel Kinder; ist etwas unfreundlicher und eigensinniger, wie es geht bei Leuten, die nit viel hinauskommen, gern daheim alt werden..."

In diesem Zitat würden sich weder Franken noch Schwaben erkennen. Waren nicht Nürnberg und Augsburg die ersten bayerischen Industriestädte der Neuzeit gewesen? Ging nicht der Nürnberger Tand seit alters hinaus ins ganze Land? Und waren nicht die Augsburger Kaufmannsfamilien der Fugger und Welser mit ihren Geschäften weltweit erfolgreich und dadurch auch so reich, daß selbst der Kaiser bei ihnen Geld borgte?

Daß diese drei in Charakter und geschichtlicher Tradition so verschiedenen Stämme im frühen 19. Jahrhundert zu einem einheitlichen, modernen Staat zusammenwuchsen, war vor allem einem Mann zu danken, dem Grafen Maximilian von Montgelas. Er hatte schon im Herbst 1796, als die Kurfürstenwürde für Max Joseph noch eine ferne Hoffnung war, auf 28 Seiten einen Plan entwickelt, wie man vor allem die Verwaltung in Bayern organisieren sollte.

Da Montgelas, der Sohn eines aus Savoyen zugewanderten bayerischen Generalmajors, ein aufgeklärter Mann war (der 1785 wegen seiner Überzeugung aus dem München des Kurfürsten Karl Theodor hatte fliehen müssen), entwarf er ein fortschrittliches Programm, dessen Spuren in der Verwaltung Bayerns noch heute zu finden sind.

So geht die Einteilung des Landes in die sieben Regierungsbezirke Oberbayern, Niederbayern, Oberpfalz, Unterfranken, Mittelfranken, Oberfranken und Schwaben auf die im Jahre 1817 getroffene (und 1837 veränderte) Einteilung zurück. Diese Gliederung hat Kriege und selbst die Gebietsreform von 1972 überdauert, bei der die Zahl der bayerischen Landkreise von 143 auf 71 und die der Gemeinden von 4456 auf 2644 reduziert wurde.

Auf den Landkarten war Bayern unter Max I. Joseph doppelt so groß wie in den Tagen seines Vorgängers Karl Theodor, und hatte man bisher gelernt, daß alle bayerischen Flüsse der Donau zu und mit dieser ostwärts ins Schwarze Meer fließen, so war nun auch der Main bayerisch, und der floß westwärts. Also in die Gegenrichtung. Und er mündete mitsamt seinen Nebenflüssen in die Nordsee.

Die beiden größten Flüsse Bayerns, die so verschiedene Wege gehen, sind seit 1992 miteinander verbunden, durch den 173 km langen, schleusenreichen Rhein-Main-Donau-Kanal. Bamberg (240 m über dem Meer) und Kelheim (343 m) sind die beiden Endpunkte, und dazwischen liegt, als größtes Hindernis die Fränkische Alb, die etwa in der Gegend Berching-Beilngries und in einer Höhe von 406 m durchquert wird. Kurz zuvor, nahe der Stadt Hilpoltstein, überwindet der Europakanal auch die Wasserscheide von Donau und Main.

Einen ersten Kanal wollte schon Karl der Große bauen. Sein Plan, Altmühl und Schwäbische Rezat (und somit die Donau mit dem Rhein) zu verbinden, ist 793 sehr schnell gescheitert, obwohl nur eine Strecke von 2000 m zu überwinden gewesen wäre. Die Fossa Carolina bei Weißenburg erinnert noch heute an das gescheiterte Projekt. König Ludwig I. konnte seinen Ludwig-Donau-Main-Kanal zwar fertigbauen, doch etwa zu der Zeit, als die ersten Schiffchen zwischen Bamberg und Kelheim unterwegs waren, fuhr – am 7. Dezember 1835 – auf der 6,5 km langen Strecke zwischen Nürnberg und Fürth die erste deutsche Eisenbahn. Der Kanal erwies sich bereits nach ein paar Jahrzehnten, als das Land mit einem Netz von Eisenbahnlinien überzogen war, als unrentabel.

Das Altmühltal, durch das der Kanal geführt wird, ist eine der schönsten bayerischen Landschaften. Und eines der ältesten Siedlungsgebiete.

Wann erstmals Menschen in Bayern auftauchten, ist nicht bekannt. Sicher waren es aber Jäger, „Nichtseßhafte" der Altsteinzeit, die vielleicht vor zweihunderttausend Jahren, möglicherweise aber auch erst viele Jahrzehntausende später durch die Wälder und die Auen schweiften. Eine frühe Spur, die etwa achtzig- bis hunderttausend Jahre zurückreicht, fand sich auf dem Speckberg, einem Geländevorsprung bei Nassenfels, einem kleinen Ort nordwestlich von Neuburg an der Donau, wo auf kleinem Gebiet an die 30000 Faustkeile lagen. Die steinzeitlichen Jäger haben hier ganz offensichtlich die Waffen zurechtgeklopft, mit denen sie das Wild jagten.

Aus einer sehr viel jüngeren Zeit als dieses Depot stammt die nur sieben Zentimeter große weibliche Figur, die kurz nach dem letzten Krieg in der nicht weit von Nassenfels entfernten Weinberghöhle von Mauern entdeckt wurde und sich heute in der Prähistorischen Staatssammlung befindet. Vor dreißigtausend Jahren könnte sie als Kultfigur entstanden sein. Obwohl die kleine Statuette nur schwer als eine weibliche Figur zu identifizieren ist (und vielleicht auch zweigeschlechtlich gedacht war), nennt man sie die „Rote von Mauern". Das aus Kalkstein geformte Geschöpf ist die älteste Menschendarstellung Bayerns, vielleicht sogar Deutschlands.

Liegen Nassenfels und Mauern etwas abseits vom Oberlauf der Altmühl, so hausten die ältesten Bewohner von Neuessing direkt über dem Fluß. In Höhlen haben sich viele Zeugnisse aus einer rund zehntausend Jahre zurückliegenden Zeit erhalten. Die letzte Eiszeit war damals noch nicht zu Ende und die Gletscher reichten noch von den Alpen bis in die Gegend von München. Zu den interessantesten Funden, die hier gemacht wurden, gehört ein „Kommandostab", auf dem kleine Tiere eingeritzt sind. Wahrscheinlich benutzte ein steinzeitlicher Ur- (oder Vor-) Bayer dieses aus einem Tiergeweih gefertigte Instrument zum ritualen Jagdzauber.

Im Laufe der Zeit wurde das Klima milder, die Gletscher schmolzen und Menschen ließen sich nun im freien, offenen Land nieder. Zum Beispiel im Donautal südwestlich von Ingolstadt, wo ein Fischer, Jäger oder Sammler seine einfache, kleine zeltartige Hütte baute, das älteste „Haus", dessen Spuren in Bayern entdeckt wurden. Freilich, was der Archäologe von dieser Unterkunft vorfand, waren nur noch ein paar Verfärbungen des Bodens.

Sehr viel ergiebiger sind die Funde am Donauufer weiter stromabwärts, in der Gegend zwischen Regensburg und Straubing. Vor allem der Gäuboden am rechten Donauufer bei Straubing, der noch heute die fruchtbare Kornkammer Bayerns ist, war seit der Jüngeren Steinzeit dicht besiedelt. Aus dieser viertausend, fünftausend Jahre zurückliegenden Epoche haben die Forscher auch isaraufwärts zwischen Plattling und München zahlreiche Siedlungsspuren entdeckt, außerdem aber auch im Ries sowie in der Gegend zwischen Würzburg und Schweinfurt.

Seit etwa 120000 Jahren leben in Bayern Menschen. Aber wer waren diese Steinzeit-Bayern, wie sahen sie aus, woher sind sie gekommen und wohin verschwanden sie? Es ist nicht bekannt.

Die ersten Bewohner, von denen genauere – doch immer noch sehr karge – Kunde erhalten ist, sind die Kelten. Da sie aber keine schriftlichen Zeugnisse hinterließen (weil ihnen die Schrift unbekannt war), können nur einige Hinweise bei antiken Schriftstellern und archäologische Funde Auskunft über sie geben.

Etwa um das Jahr 500 vor Christi Geburt sind sie, die über große Teile Europas verbreitet waren, in Bayern anzutreffen; südlich der Donau übrigens sehr viel häufiger als in Franken. Sie waren wohl eigensinnige, auf ihre Selbständigkeit bedachte Individualisten, die keinem König dienen wollten.

So schlossen sie sich offensichtlich in Stämmen oder großen Familienverbänden zusammen, ähnlich den Clans, die bei den von den Kelten stammenden und viele keltische Traditionen bewahrenden Schotten bis heute fortleben.

Im keltischen Halbjahrtausend – den letzten fünfhundert Jahren vor der Zeitwende – entstanden in Bayern auch die ersten Städte, die sogenannten „oppida". Sie lagen in der Gegend von Rothenburg, am Staffelberg in Oberfranken (also in der Nähe von Vierzehnheiligen), im Ries, im Allgäu und über Kelheim. Die größte und wohl auch die bedeutendste Siedlung aber war das im Donautal südlich von Ingolstadt gelegene Manching, eine Stadt von etwa zehntausend Einwohnern, umgeben mit einer Mauer von drei bis vier Metern Höhe und sieben Kilometern Länge; um sie zu errichten, mußten 420000 cbm Steine und Erdreich bewegt werden.

Im Schatten dieses Walls, in einer Stadt, deren keltischer Name nicht überliefert ist, wurde Eisen geschmolzen und Gold zu Münzen (den sogenannten „Regenbogenschüsselchen") verarbeitet, es entstanden keramische Gefäße und Armreife aus buntem Glas. Neben den Handwerkern lebten in Manching, das nach Meinung mancher Forscher der größte frühgeschichtliche Ort Europas war, vor allem auch Kaufleute. Denn hier, nahe einem Donauübergang, kreuzten sich einst wichtige Handelsstraßen, die Nord- und Süd-, West- und Osteuropa miteinander verbanden.

Doch eines Tages ist diese große Stadt untergegangen. Sie wurde erst wieder entdeckt, als auf dem Gelände ein Militärflughafen entstand. Das Ende war wohl um das Jahr 50 vor Christi Geburt gekommen. Dies jedenfalls sagen neuere Forschungen. Möglich wäre aber auch, daß dieses Ur-Manching etliche Jahrzehnte später zerstört wurde, nämlich in jenem Jahr 15 vor der Zeitwende, in dem römische Soldaten innerhalb eines einzigen Sommers das keltische Bayern eroberten.

Für ein paar hundert Jahre war das Land zwischen Alpen und Donau nun ein Teil des großen römischen Reiches. Von den germanischen Revieren im Norden war diese Provinz „Raetien" durch eine große Mauer getrennt – den auf bayerischem Gebiet 120 km langen Limes.

Der insgesamt mehr als fünfhundert Kilometer lange Grenzwall begann am Rhein in der Gegend von Remagen und führte mit mancherlei Ausbuchtungen süd-südostwärts bis gegen Lorch/Schwäbisch Gmünd. Von dort aus ostwärts wenige Kilometer südlich von Dinkelsbühl, bei den Ortschaften Mönchsroth und Wilburgstetten, begann sein Verlauf auf bayerischem Boden, wo er an der Donau zwischen Eining und Weltenburg endet.

Nördlich dieser Grenze wohnten die Germanen, vor allem wohl die Völkerschaften der Markomannen, der Narisker und der Alemannen, und südlich von ihr bauten die Römer ihre Militärlager und ihre Städte. Dabei wählten sie häufig Plätze, an denen zuvor bereits Kelten gesiedelt hatten, beispielsweise Kempten, Regensburg, Straubing oder Passau. Die Hauptstadt des römischen Bayern aber war Augsburg.

In dieser „römischen Besatzungszone" waren Legionäre aus den unterschiedlichsten Ecken des Reiches stationiert. Die Einheiten kamen aus Syrien und Spanien, vom Niederrhein, aus Portugal und Rom, und weil sicher viele Soldaten während ihres Aufenthaltes in Raetien keltische Mädchen geheiratet haben, hat sich schon damals vieles in Bayern gemischt. Als nach dem unrühmlichen Abzug der Römer – die letzten Soldaten wurden offiziell im Jahre 488 in ihre Heimat zurückgerufen – die vormals nördlich des Limes beheimateten Germanen anrückten, entstand zuletzt aus vielen Völkern jenes eine, das sich „Bayern" nannte.

Seit dem großen Alemannensturm von 233 war die befestigte Grenze immer wieder durchbrochen und von den Römern schließlich aufgegeben worden. Dennoch hat sie sich als eine unsichtbare Trennungslinie über die Zeiten hinweg erhalten, und so konnte Wilhelm Hausenstein noch im 20. Jahrhundert schreiben: „.... der Limes (nicht der Main) ist unsere Schicksalslinie, die Schicksalslinie unserer Dualität". Das würde im gängigen bayerischen Sprachgebrauch heißen, daß „Preußen" bereits tief in Bayern beginnt; für Norddeutsche, die bei ihrer Fahrt in den Süden den entscheidenden Punkt finden wollen, sei vermerkt: die Limeslinie wird von der Autobahn Nürnberg-München kurz vor der Ausfahrt Denkendorf gekreuzt.

Das Preußen, dessen Grenze so tief in Bayern verläuft, hat freilich mit dem alten friderizianischen oder wilhelminischen Preußen wenig gemein. Kein Geometer hat dieses Land je vermessen, auf keiner Landkarte ist es zu finden, denn dieses Preußen ist ein Teil, eine große Provinz der bayerischen Seelenlandschaft. Wie weit deren Grenzen aber gesteckt sind, zeigt die Geschichte vom nörgelnden Japaner, der bei seinem Einkauf auf dem Münchener Viktualienmarkt die Nerven einer Standlfrau so lange strapazierte, bis sie ihrer Wut und Verachtung jenen Ausdruck verlieh, der für sie wahrscheinlich nicht mehr zu überbieten ist. Sie inspizierte ihn abwertend von oben bis unten und murmelte dann ein: „Du Saupreiß, du japanischer!"

An der Grenze zum Norden standen Wachtürme und Kastelle, nach Süden aber waren die Wege für Waren und für Einflüsse offen. Von Italien lernte man die feinere Lebensart und die Fertigkeit, Häuser aus Stein zu bauen (eine Technik, die nach dem Abzug der Soldaten wieder vergessen wurde), mit den vielen Legionären kam aber auch eine zunächst noch verbotene, heimlich praktizierte Religion über die Alpen nach Bayern: das Christentum.

In der Legende erscheint die erste Christin. Sie heißt Afra und lebt als eine offensichtlich noch junge Bordellmutter in Augusta Vindelicorum, dem Augsburg unserer Tage. Eines Tages flüchtet sich in ihr Haus ein Mann aus Spanien. Ein Bischof, der wegen seines Glaubens verfolgt wird. Er bekehrt Afra (die in Wirklichkeit eine aus Zypern vertriebene Königstochter ist) und ihre drei Mädchen. Für diesen neuen Glauben müssen die Christinnen das größte Opfer bringen – im Jahre 304 werden sie auf einer Insel im Lech bei lebendigem Leibe verbrannt.

Der neue Glaube aber ist nicht mehr auszurotten, auch wenn noch viele Jahre vergehen, bis Bayern ein wahrhaft christliches Land ist. Zu der Zeit sind die Römer längst abgezogen, das Land wird von Herzögen aus dem Geschlecht der Agilolfinger regiert.

Aus dem Westen, aus Gallien und Irland waren die Glaubensboten gekommen, um den Bayern das römische Christentum zu predigen: Emmeram um 670/680 in Regensburg, Rupert in Salzburg, Korbinian in Freising, Willibald in Eichstätten und Kilian in Würzburg.

Für die Missionare war es mühsam und mit Gefahren verbunden, die Bayern für den christlichen Glauben zu gewinnen – Emmeram und Kilian mußten mit ihrem Leben dafür bezahlen –, als sie sich aber schließlich für die neue Lehre entschieden hatten, wurden sie zu treuen, frommen Kindern der Kirche, die freilich ein bäurisches Temperament davor bewahrte, sektiererisch zu werden. Man schaute zwar zum Himmel hinauf, schickte seine Gebete hinterher und gelegentlich, aus jäher Wut, seine gotteslästerlichen, derben Flüche, doch mit den beiden Füßen blieb man fest auf dem Boden.

Sie bauten Gott zu Ehren viele Kirchen im Lande, doch diese Gotteshäuser mußten auch ihnen selber gefallen und zur Ehre gereichen. Dabei hatten sich die Bayern in die Kunst des Kirchenbaus erst einzuüben. Sie begannen mit einfachen Kirchen aus Holz und bauten dann, in der Zeit der Romantik, ihre Gotteshäuser bereits aus Stein.

Berühmte Beispiele, die aus dem 12. und 13. Jahrhundert erhalten blieben, sind etwa Urschalling in der Nähe des Chiemsees (mit seinem Adam-und-Eva-Fresko), Altenstadt bei Schongau, Ilmmünster, Petersberg bei Dachau, Prüfening-Regensburg, Perschen bei Nabburg und Biburg. Neben diesen altbayerischen Zeugen sind auch in Franken und im bayerischen Schwaben Kirchen aus romanischer Zeit erhalten geblieben, unter anderem in Ebrach, Heidenheim, Obermerzbach und Wittislingen.

Zu dieser Zeit war die Kirchenorganisation in Bayern bereits lange abgeschlossen, denn mit den Bistümern hatte Bonifatius im Jahre 739 jene Grenzen gezogen, die sich über mehr als tausend Jahre hinweg kaum noch veränderten. Zu den vier Bistümern Passau, Freising, Regensburg und

Salzburg kam 741 (oder etwas später) das Bistum Eichstätt hinzu. Etwa um die gleiche Zeit gründete Bonifatius auch das Bistum Würzburg. Von beiden Kirchenprovinzen, von Eichstätt wie von Würzburg wurden freilich Teile abgetrennt, als Kaiser Friedrich II. Besitz für das neue Bistum Bamberg brauchte.

Die Augsburger Bischofsliste beginnt zwar auch um diese Zeit, mit einem Bischof Wikterb, doch dieser Gottesmann stand in einer alten Tradition, da das Bistum Augsburg wahrscheinlich bis in die Römerzeit des vierten Jahrhunderts zurückreicht.

Die Geschichte der ersten Bischöfe und der frühen Herzöge ist vornehmlich in Legenden überliefert. Einer, der dritte Bischof von Freising – er hieß Arbeo und übte sein hohes Amt zwischen 764 und 783 aus –, hatte freilich schriftliche Zeugnisse hinterlassen: die in lateinischer Sprache verfaßten Lebensgeschichten des heiligen Korbinian und des heiligen Emmeram. In der „Vita des Emmeram" lieferte Arbeo, der erste namentlich bekannte Schriftsteller Bayerns, die älteste Landesbeschreibung: Emmeram, heißt es, sah dieses bayerische Land: „Es war sehr gut, reich an Wäldern und fruchtbar an Wein. Eisen besaß es in Fülle, dazu Gold, Silber und Purpur im Überfluß. Seine Männer waren hochgewachsen und kräftig, fest verwurzelt in Nächstenliebe und Sitte. Die Erde war fruchtbar und brachte reiche Saaten; das Land schien von Herden und Zugvieh aller Art fast bedeckt zu sein; in Fülle gab es Honig und Bienen sowie zahlreiche Fische in den Flüssen und Seen ... Seine Hauptstadt war Regensburg, uneinnehmbar, aus Quadern erbaut, mit hochragenden Türmen und mit Brunnen reichlich versehen ..."

In dieser wohlbewehrten Stadt – und wahrscheinlich sogar in Überresten der vormaligen römischen Garnison – residierten seit der Mitte des sechsten Jahrhundert die Agilolfinger, das älteste bayerische Herrschergeschlecht. Ein Herzog Garibald steht am Anfang. Ein Tassilo folgt, ihn beerbt ein zweiter Garibald; in der Herzogsliste gibt es sodann einen Theodo; einen zweiten Theodo, einen Theudebert.

Die Forschung hat freilich mancherlei Schwierigkeiten, die Reihenfolge der Agilolfinger festzulegen. Sicher aber ist, daß zwei bedeutende Herrscher am Ende der nicht ganz zweihundert agilolfingischen Jahre stehen, der Klostergründer Odilo (736-748) und als wichtigster von allen: Herzog Tassilo III. (748-788). Dieser letzte Agilolfinger, Gründer der Klöster Schlehdorf, Innichen und Kremsmünster, wurde von Kaiser Karl dem Großen abgesetzt und unter unwürdigen Umständen in ein Kloster verbannt, wo sich seine Lebensspur verliert. Das erste große Kapitel der bayerischen Geschichte ging damals zu Ende. Zum erstenmal verlor Bayern seine (relative) Selbständigkeit.

Die Karolinger, auf Mehrung und Sicherung ihrer Macht bedacht, haben die Agilolfinger verdrängt. Und mußten doch, nur wenige Generationen später, selbst wieder abtreten. Andere Familien folgten: Luitpoldinger, Sachsen, Lützelburger, Salier, einer aus dem Hause Zütphen, einer aus dem von Ostheim, im Jahre 1070 die Welfen – und dann kam am 16. September 1180 im sächsisch-thüringischen Altenburg, der große Wechsel. Denn an diesem Tage erhält Graf Otto von Wittelsbach das Herzogtum Bayern zum Lehen. Eine Familie, die nicht zu den höchsten Ehren berufen schien (denn es gab reichere und einflußreichere im Herzogtum) bekam eine Chance, die sie mit Geschick und auch rücksichtslos nutzte. Zuletzt regierte sie länger als jede andere europäische Dynastie, nämlich 738 Jahre, 1 Monat und 22 Tage.

Zwischen dem ersten Herzog, Otto I., und dem letzten König, Ludwig III., gab es natürlich Helden und Schurken, Knauser und Verschwender, zum Beispiel Ludwig I., den zweiten Herzog der Wittelsbacher. Er, der 1231 auf der Donaubrücke zu Kelheim von einem Unbekannten ermordet wurde, festigte das Regime seiner Familie und brachte durch die Heirat mit der verwitweten Herzogin Ludmilla von Bogen das Rautenwappen an seine Familie und ins bayerische Wappen.

Einer seiner Enkel, Herzog Ludwig II., war der erste Wittelsbacher, der in München residierte. Sein Beiname „der Strenge" erinnert daran, daß dieser rabiate Herr anno 1256, von Eifersucht gebeutelt, seine junge, unschuldige Ehefrau erdolchte. Im Jahr zuvor hatten er und sein Bruder Heinrich XIII. als erste Mitglieder der Familie das Land geteilt. So entstanden Niederbayern und Oberbayern.

Ein Niederbayer, geboren zu Landshut als Sohn Herzog Heinrichs, war für kurze Zeit König von Ungarn. Aus Otto III. wurde Bela V. und – nach einer blamablen Regentschaft bei den Magyaren – wieder Otto III.

Ottos Cousin, der Münchner Ludwig, hatte größeres Glück (auch wenn man ihn nach der Kaiserkrönung in Rom im Jahre 1328 mit Steinwürfen aus der Heiligen Stadt vertrieb). Doch immerhin, er war König und Kaiser des Heiligen Römischen Reiches Deutscher Nation, und daß er mit Gegenkönigen um sein Recht streiten mußte, war nicht ungewöhnlich. Die wichtigste Schlacht um seinen Anspruch schlug er im Jahre 1322 bei Mühldorf und Ampfing. Diese letzte Ritterschlacht auf deutschem Boden machte Ludwig berühmt und verhalf einem Mitstreiter ins Sprichwort: Nach dem Kampf, als Friedrich der Schöne von Österreich gefangen war, setzte sich der Wittelsbacher mit seinen Rittern zu einem kargen Mahle nieder. Einen der Tapferen zeichnete er dabei besonders aus: „Jedem Mann ein Ei, dem braven Schweppermann aber zwei!"

Bei seinem Tod im Jahre 1347 hat Ludwig der Bayer sechs Söhne und ein großes Land hinterlassen, und so wie die Erben starben, verging auch der Besitz. Mit Ausnahme des Stammlandes Bayern. Interessanter als Kinder und Enkel sind die Urenkel des wittelsbachischen Kaisers: Elisabeth, Tochter des Herzogs von Bayern-Ingolstadt, wurde als Isabeau de Bavière die Frau des (geisteskranken) französischen Königs Karl VI. Die Geschichtsschreiber – und Friedrich von Schiller in seiner „Jungfrau von Orleans" – sind mit der in ihrer Jugend wunderschönen Fürstin aus Bayern ungnädig umgegangen. Zu den Gerüchten, die man über sie verbreitete, gehörte auch dieses: daß die Jungfrau von Orleans in Wirklichkeit eine illegitime Tochter der Ingolstädterin gewesen sei.

Eine Cousine der Isabeau war die Landshuterin Elisabeth, genannt „die schöne Els". Verheiratet mit dem Burggrafen von Nürnberg, wurde sie zur Stammutter der Hohenzollern.

Zeitgenosse und Vetter der beiden wittelsbachischen Damen war Herzog Ernst von Bayern-München. Daß sein Name in der bayerischen Geschichte nie vergessen wird, dankt er einer grausigen Tat. Im Oktober 1435 gab er nämlich den Befehl, die seinem Sohne Herzog Albrecht heimlich angetraute Frau Agnes Bernauer in der Donau bei Straubing zu ertränken. Die Reue kam hinterher. Mit einer Kapelle auf dem Friedhof von St. Peter – sie steht noch heute – wollte er Sühne tun.

Ein paar Jahrzehnte nach dem Mord von Straubing (an den die Straubinger alle vier Jahre in einem Festspiel erinnern), gab es in Landshut eine große Hochzeit: Herzog Georg heiratete im November 1475 die polnische Königstochter Jadwiga oder Hedwig. Die niederbayerischen Herzöge herrschten über den fruchtbarsten Teil Bayerns, und so führten drei von ihnen mit gutem Grund und mit Stolz den Beinamen „der Reiche".

Da also großes Geld in den Truhen war, konnten sie für den jungen Herzog Georg ein Hochzeitsfest ausrichten, von dem man überall mit Staunen sprach und das die Landshuter alle drei Jahre im größten historischen Fest Deutschland's nachspielen. Eine Woche lang wurde 1475 gefeiert, und 146 Köche mußten für die vielen Gäste aufkochen. Und da, wer immer in Landshut war oder nach Landshut kam, auf herzogliche Kosten freigehalten wurde, kostete die Veranstaltung nach heutiger Währung etwa 25 Millionen Mark. Auf der Rechnung standen unter anderem: 232 Ochsen, 285 Brühschweine, 684 Spanferkel, 1537 Lämmer, 490 Kälber, 194 345 Eier, 220 Zentner Schmalz, 6 Tonnen Heringe, 140 Pfund Rosinen...

Der prunkvollen Hochzeit folgte eine unglückliche Ehe. Die Braut des Jahres 1475 wurde als „grüne Witwe" nach Burghausen abgeschoben. In Landshut aber näherte sich das Regiment der reichen Herzöge seinem Ende. Da Herzog Georg keinen männlichen Erben hatte, meldete München seine Forderungen an. Im Landshuter Erbfolgekrieg (Götz von Berlichingen verlor in ihm seine rechte Hand) wurde das Schicksal des Landes entschieden, Niederbayern fiel an Oberbayern, Bayern wurde wiedervereint und ist seither ungeteilt.

Hinfort war München die Hauptstadt, und die Wittelsbacher sparten nicht, wenn es galt, ihren Hof und die Stadt zu schmücken. Wilhelm IV. läßt 1529 Albrecht Altdorfer die „Alexanderschlacht" malen, sorgt dafür, daß sein Land nicht der lutherischen Lehre verfällt – und macht Schulden. Albrecht V., der ihm folgt, sammelt Kunst, legt den Grundstock für die spätere Bayerische Staatsbibliothek (die größte Bibliothek der Bundesrepublik), läßt das erste Museum nördlich der Alpen bauen – und macht Schulden. Wilhelm V. ist fromm, baut den Jesuiten die Münchener Michaelskirche im Stil der Renaissance, dazu ein großes Kloster mitten in der Stadt – und macht trotz seiner persönlichen Bescheidenheit Schulden in so gigantischer Höhe, daß er schließlich keinen Ausweg mehr weiß und zurücktritt. Zugunsten seines Sohnes Maximilian. Der aber wird Bayern aus dieser tiefen finanziellen Krise herausführen und trotzdem noch soviel Geld übrig haben, daß er die große Schauseite der Münchner Residenz bauen und den Hauptbeitrag der katholischen Partei im Dreißigjährigen Krieg leisten kann.

Diesem großen Kurfürsten der Bayern – er hatte die Würde im Jahre 1623 erhalten – folgt 1651 ein unbedeutender Sohn. Der aber, Ferdinand Maria, heiratet eine junge Dame aus Savoyen, die zwar Bayern partout nicht mag, deren Wirken jedoch einen großen, lange andauernden Einfluß auf das Land haben sollte. Sie läßt nämlich von 1663 an die Münchener Theatinerkirche bauen. Durch italienische Baumeister, die das Barock einführen.

Die Bayern hatten romanisch gebaut, sie haben gotisch gebaut – zum Beispiel das Landshuter Martinsmünster mit dem höchsten Backsteinturm der Welt, die Münchener Frauenkirche und die Gotteshäuser von Amberg und Dinkelsbühl –, doch nun finden sie den Stil, der ihnen gemäß ist und mit dem sie schließlich identifiziert werden, das Barock.

Der große Krieg war erst seit anderthalb Jahrzehnten zu Ende, als ein Bauen und Renovieren begann, wie man es bis dahin nicht gekannt hatte. In Franken und Bayern, wo sich der neue barocke Stil vor allem durchsetzte, wurden alte, gotische Kirchen im Stil der Zeit umgebaut, neue Kirchen und Schlösser entstanden.

Bayern veränderte sein Gesicht, und die weithin sichtbaren Zeichen des neuen Stils und des neuen Geistes wurden die vielen Zwiebeltürme überall im Lande. Die ersten Anregungen für diese architektonische Bizzarrerie kamen vielleicht auf dem Umweg über Venedig aus Byzanz, doch die Baumeister in Bayern variierten ihre Vorbilder mit so viel spielerischer Phantasie, daß zuletzt niemand mehr nach der Herkunft fragte.

Im Jahrhundert nach dem Dreißigjährigen Krieg, in dem das Land vewüstet worden war, erreichte die Kunst in Bayern ihren Höhepunkt. Bayerisches Barock und Rokoko, das sind die Putten, die großen Deckengemälde und die reichen, vergoldeten Schnitzereien. Das ist die Musik des Oberpfälzers Christoph Willibald Rittervon Gluck (der freilich seine Erfolge vor allem in Paris und Wien feierte) und das sind die vielen Künstler, deren Namen weit über Bayern hinaus einen feinen, guten Klang haben: Cosmas Damian und Egid Quirin Asam, die Dientzenhofer, der Porzellanmodelleur Franz Anton Bustelli, die vielen Stuckateure aus Wessobrunn (ein paar hundert mögen es gewesen sein), François de Cuvilliés und Ignaz Günter.

Aus Italien war die neue Kunst gekommen, doch die Bayern haben sie mit so viel Kunstverstand und Enthusiasmus angenommen, daß man das bayerische Barock und seine verfeinerte Spätform, das Rokoko, schließlich mit dem Land und seinen Bewohnern gleichsetzte und vom „barocken Bayern" sprach.

Die vielen Beschreibungen der Bayern (wie viele Anthologien sind damit schon gefüllt worden!) handeln immer nur von den zwischen Alpen und Donau wohnenden Bajuwaren, vergessen aber sind dabei die Franken und die Schwaben, die etwa die Hälfte der Einwohner des Landes stellen und die in ihrer Ahnengalerie und zum Ruhme Bayerns so erlauchte Namen führen wie Albrecht Dürer, Veit Stoß, Vater und Sohn Holbein, Elias Holl, Martin Behaim, Peter Henlein, Hans Sachs, Albertus Magnus, Leonhard Frank und viele andere.

Im Gegensatz zur Geschichte Bayerns, die in den Jahrhunderten zwar sehr bewegt, doch immer überschaubar war – denn es war die Geschichte eines geschlossenen territorialen Gebildes –, wird den historischen Geschehnissen Frankens und Schwabens in der Literatur ein geringes Interesse entgegengebracht: Die vielen kleinen und kleinsten Territorien konnten ja nur selten in den Lauf der Geschichte eingreifen. In ihrem Rahmen aber und gemessen an den begrenzten Möglichkeiten, sind viele Ereignisse und Personen der Beachtung wert. Da gab es zum Beispiel die fränkischen und die allgäuer Bauern, die im Frühjahr 1525 gegen ihre Herren auftraten und nach der Niederlage grausam bestraft wurden. Die Bauern im Herzogtum Bayern haben sich in diesem Deutschen Bauernkrieg ruhig verhalten, bei ihnen war die Unterdrückung nicht so groß.

Zu nennen wäre aber auch der Würzburger Fürstbischof Julius Echter von Mespelbrunn, der zusammen mit dem bayerischen Herzog und späteren Kurfürsten Maximilian die Katholische Liga gründete.

Einer der Nachfolger des im Jahre 1617 verstorbenen großen Gegenreformators Julius war Johann Philipp von Schönborn, der erste von drei Schönborns auf dem Würzburger Kirchenthron. Zu den Verdiensten seiner dreißig jährigen, bis 1673 währenden Regierungszeit gehört die Abschaffung der Hexenprozesse. Der zweite Schönborn in Frankens Hauptstadt, Johann Philipp, regierte nur ein paar Jahre, doch in dieser Zeit begann, im Jahre 1720, der Bau der Würzburger Residenz, die Friedrich Karl von Schönborn in seinen Herrschaftsjahren (1729-1746) fertigstellen ließ. In den drei Mitgliedern dieser einst einflußreichen Familie erreichte das fränkische Barock einen Höhepunkt. Ein weiterer Schönborn, Lothar Franz, Kurfürst und Erzbischof von Mainz, Bischof von Bamberg, ließ von 1711 an durch Johann Dientzenhofer das Schloß Pommersfelden bauen.

Die bayerische Geschichte ist eine Geschichte von vielen einst selbständigen Staaten. Seit dem frühen 19. Jahrhundert aber haben sie alle – Reichsstätte wie Fürstbistümer, Grafschaften und Fürstentümer – eine gemeinsame Geschichte. Sie beginnt mit König Max I. Joseph, dem bäurisch gutmütigen Pfälzer. Ihm folgte 1825 der feuerköpfige, genialische Ludwig I., der große Bauherr und Sammler, der München zu einer Stadt machen wollte, wie es ihresgleichen nicht gab. Niemand sollte sagen, er kenne Deutschland, wenn er München nicht kenne. Im Revolutionsjahr 1848 wurde er wegen seiner Beziehungen zur pseudo-spanischen Tänzerin Lola Montez abgesetzt. Sein Sohn Max II. trat das Erbe an – ein König, der lieber Geschichtsprofessor geworden wäre, ein sozial gesinnter Monarch. Als er 1864 plötzlich starb, übernahm sein 18jähriger, für das hohe, schwierige Amt nicht vorbereiteter Sohn Ludwig II. die Herrschaft in Bayern. Obwohl er den Umgang mit seinem Volke zunehmend mied und auf eine sehr unkonventionelle Weise regierte, wurde dieser 1,90 m große Wittelsbacher zum Traumkönig der Bayern, von vielen auch mehr als hundert Jahre nach seinem Tode noch geliebt und in König-Ludwig-Vereinen verehrt.

Die Denkmäler seines Nachruhms hat er sich mit den drei in der Abgeschiedenheit gebauten Schlössern Linderhof, Neuschwanstein und Herrenchiemsee selbst errichtet. Etwas mehr als dreißig Millionen Mark hatten diese Bauwerke gekostet – mehr als anderthalb mal soviel mußte Bayern nach dem verlorenen Bruderkrieg von 1866 als Reparationen an Preußen zahlen –, doch weil die königliche Privatkasse dadurch in Turbulenzen geriet, und weil er auch um sein Amt fürchtete, betrieb der Ministerpräsident die Absetzung des Monarchen. Einige Tage später, am 13. Juni 1886, ist der König im Starnberger See auf eine bis heute nicht restlos aufgeklärte Weise ums Leben gekommen.

Sein Onkel, der 65jährige Prinz Luitpold, war als „des Königreichs Bayern Verweser" eingesetzt worden. Er hatte Mühe, die Zuneigung der von Natur aus wittelsbachtreuen Bayern zu gewinnen – zu sehr, glaubte man, sei er ins das Königsdrama verstrickt. Durch sein leutseliges Auftreten und seine Volksverbundenheit gelang es ihm aber schließlich, zu einem der beliebtesten bayerischen Herrscher zu werden. Seine, die Prinzregentenzeit, wurde zum Inbegriff der guten alten Zeit. Am 12.12.12 ist der Prinzregent gestorben, nicht einmal zwei Jahre später begann der Erste Weltkrieg. Der Krieg ging verloren, und am 7. November 1918 stürzte der aus Berlin zugezogene Dr. Kurt Eisner in einer unblutigen Revolution die nahezu dreizehnhundert Jahre alte bayerische Monarchie.

Als ein fanatischer junger Offizier einige Monate später Ministerpräsident Eisner hinterrücks ermordete – Eisner war auf dem Weg zum Landtag, um sein Rücktrittsgesuch abzugeben –, brach die Räterevolution aus. Dem Terror von links folgte wenig später der sehr viel blutigere Terror von rechts. In dieser unruhigen Zeit aber, als die verschreckten Bürger sich nach Ruhe und Ordnung sehnten, begann in Münchner Bierhallen der Aufstieg jenes Adolf Hitler, der mit geballter Faust und sich überschlagener Stimme Ruhe und Ordnung versprach.

Was damals in München begann und schließlich ganz Deutschland erfaßte, endete mit vielen Millionen Toten sowie der Zerstörung und Teilung des Reiches. München lag zu 45 % in Trümmern, Schweinfurt zu 49,3 %, Nürnberg zu 65 % und Würzburg zu 85 %.

Die letzte Etappe dieses Krieges hatte im späten März 1945 begonnen, als die 7. US-Armee bei Aschaffenburg die Grenze nach Bayern überschritt und in den folgenden Wochen zusammen mit der 3. US-Armee das Land eroberte. Am 6. April fiel Würzburg, am 20. April Nürnberg, am 30. April zogen die Truppen in München und Landshut ein, nachdem sie am Tage zuvor die Überlebenden des Konzentrationslagers Dachau befreit hatten. Am 1. Mai erreichten die Amerikaner bei Simbach am Inn die österreichische Grenze.

Bayern hat sich, wie der Rest der Welt, in den seither vergangenen Jahrzehnten stärker verändert als in den Jahrhunderten zuvor. Das einst so wenig industrialisierte Land ist heute – zum Beispiel durch mehr als ein Dutzend Institute der Max-Planck-Gesellschaft, durch die Deutsche Forschungs- und Versuchsanstalt für Luft- und Raumfahrt oder die Forschungseinrichtungen der Firma Siemens – eines der wissenschaftlichen Zentren Europas.

Neben modernster High Tech gibt es aber auch Betriebe mit einer großen Vergangenheit, und nirgends reicht diese weiter zurück als bei den Mühlen und den Brauereien. In München, dessen Bier weltberühmt ist und wo die Brauer bereits im Jahre 1280 in einer Urkunde genannt werden.

Die Tradition zu wahren und mit dem Fortschritt harmonisch zu verbinden, ist die große Aufgabe der kommenden Zeiten. Die großen Antennen der Satellitenfunkstelle Raisting nahe dem Ammersee und die nahe dabei gelegene kleine Barockkirche sind ein Symbol für dieses Nebeneinander.

Nicht immer fügen sich Vergangenheit und Gegenwart aber so harmonisch zueinander. Auch Bayern erfährt jene Gefährdungen, die gleichsam das Abfallprodukt moderner Technik und Industrie sind. Zwar hat der Freistaat 1970 das erste Umweltministerium Europas eingerichtet, 1973 ein eigenes Naturschutzgesetz erlassen und 1976 die Akademie für Naturschutz und Landschaftspflege in Laufen gegründet, doch auch in Bayern gibt es Luftverschmutzung, vergiftete Gewässer und kranke Wälder. Auch hier ist eine jahrtausende alte Kulturlandschaft bedroht.

Auf unserer Fotoreise durch die sieben Regierungsbezirke entstanden Bilder von einem Bayern, wie die Fremden es träumen und die Einheimischen es lieben. Sie präsentieren eine bunte, heile Welt und wollen dadurch zeigen, was gefährdet ist und was es zu schützen gilt. Was zu schützen lohnt.

Hans F. Nöhbauer: Tour of the landscape and the history of Bavaria

Since time immemorial, the Bavarians have been regarded by themselves and by others as especially God-fearing folk. Maybe God took this into account when He made the world and fashioned their land with such loving care. He bestowed upon them a high backdrop of mountains in the south, with a pleasant foreland of foothills and lakes. He bordered the east with the Bavarian Forest, the Oberpfalzer Forest and the Fichtelgebirge, and swung the hills of the Franconian Alb in an elegant curve across the land, adding the bizarre rock formations of Franconia's Little Switzerland on His way. And before rounding off His work to the north with the gently rolling hills of the Rhon, and to the north-west with the woods of the Spessart, He sent the River Main flowing through its fertile valley. Although He worked with such care, the only materials He used were those He had already employed in other parts of the planet – gneiss and granite, for instance, gravel and quartz, chalk and sandstone.

Then, roughly 15 million years ago, when the world was already millions of years old, Bavaria received an extraordinary geological afterthought – a meteorite, one kilometre in diameter, that hit the area between Nördlingen, Wemding and Harburg. It made a crater twenty kilometres in diameter, which since then has divided the Swabian from the Franconian Alb. The area is known as the Ries and counts as one of the geological rarities of this earth. The Ries is such an unusual phenomenon that NASA made it a geological training ground for the Apollo astronauts before they made the first moon landing.

It suits the Bavarians well that this remarkable crater lies within their boundaries, (even if at the far western edge), for Bavarians like to make a clear distinction between themselves and the rest of the world. One of the biggest compliments you can pay them is to show appreciation of their individuality. Bavaria has occasional problems with the rest of Germany. Since it is older than the rest of the country – the word "bairisch" (Bavarian) is first mentioned more than two hundred years earlier than the word "deutsch" (German) – this state in the south has always claimed a degree of independence. On May 20th, 1949, the Bavarian parliament debated for fourteen hours before rejecting the new constitution of the Federal Republic by 101 votes to 73. They were willing to become part of the new republic, but maintained that, as it stood, the new Basic Law was insufficiently federal and gave the member states too little freedom. The unconventional status of Bavaria is confirmed in the title with which it proclaims itself on official documents and on frontier signs: the Free State of Bavaria.

After the monarchy was abolished in 1918, several German regions designated themselves Free States. There was, for instance, the Free State of Saxony, of Mecklenburg-Schwerin, and of Brunswick; there were no less than eight Free States in Thuringia, although they were soon to unite as a single unit. These newly-created German states soon abandoned their appellation, all except Bavaria which retained its imposing title, although this does not indicate a special status or any unique privileges. Bavaria is simply one state of the Federal Republic of Germany, although it is the oldest and, with an area of 70,553 sq. km, the largest.

Bavarian nationalists often argue their case by pointing out that Bavaria is in fact the same size as the Netherlands and Belgium combined, that it is far greater in area than Switzerland or Denmark and that even Ireland is only a few hundred square kilometres lager. Bavaria, then, can more than hold its own among West Germany's 16 states. It is double the size of North-Rhine Westphalia; the state of Hessen would fit into Bavaria three times, and the Saarland no less than twentyseven times.

Influence and economic standing, however, are not proportionate to square kilometres. Status and prosperity are iudged by quite different criteria like the gross domestic product. North-Rhine Westphalia, the most densely populated state in Germany, with 16 million inhabitants, takes the lead here, with 701,6 thousand million marks. Bavaria, with 12 million inhabitants, takes second place with a gross domestic product of 539,5 thousand million marks. After the last war, Bavaria was transformed from an agricultural to an industrial state. Here especially, the new "technologies of the future" have mushroomed: the electrical and electronic industries, the aerospace industry, not forgetting two car manufacturers with household names.

Although the number of people employed in agriculture has been declining steadily for years, another traditional Bavarian source of income has shown a marked increase: this is of course the tourist industry, which copes with roughly 20 million visitors every year. The most popular areas are without doubt the uplands, the mountains and the lakes, though Bavaria has much more to offer: the Pfaffenwinkel with its Baroque treasures, the fantastic rock formations of the northern Franconian Jura, the far-flung woodlands of the Bavarian Forest and its National Park, the vineyards of the Main and of course Munich, with its great art collections, its exclusive shops along the Theatinerstrasse and Maximilianstrasse, its beer gardens and its bold modern architecture in the 1972 Olympic Park. Many of the tourist attractions of this favourite holiday area of the Germans are shown in the imaginary journey described in this book, a journey that starts in Lower Franconia and leads us in a wide arc, with many detours, across Bavaria to finish in Passau.

The turbulent tribal migrations of the Dark Ages seem to have left Bavaria's inhabitants unscathed. The first, almost casual reference to Bavarians comes from a Gothic historian writing in about the year 550. Here they are, the forefathers of those who still inhabit the land fifteen hundred years later. The Bavaria of 550 A. D. was roughly pentagon-shaped and comprised three administrative regions: Upper Bavaria, Lower Bavaria and Upper Palatinate. There were naturally various territorial additions in the course of Bavaria's long history; the borders of the Dukedom once extended to Verona, Ljubliana, Vienna and beyond. Around 1350, even an insignificant settlement now known to us as Berlin fell within Bavarian borders. But in spite of various gains and losses, the core of Bavaria has always remained the area between the Danube and the Alps and the land to the north and north-east of Regensburg, the Bavaria ruled by the Wittelsbach family from 1180 onwards. The Wittelsbachs were first Dukes, then Electors; twice they were honoured with the title of King and Emperor of Germany. The only permanent addition that the family could make to their lands over the centuries fell to them in 1214 through marriage, and that was the Palatinate, with its towns of Heidelberg and Zweibrücken

Several years after the annexation of this territory in the far west, the Wittelsbach dynasty fell prey to the ill-advised and, as it proved, ill-fated notion that, in the case of disagreements or disputes about the succession, they should apportion land to all claimants. At times, then, there existed simultaneously Bavaria (Landshut), Bavaria (Munich), Bavaria (Ingolstadt) and Bavaria (Straubing). And all too often this unfortunate custom resulted in expense, discord and even war for the Wittelsbach's subjects. This state of affairs did not come to an end until 1506, when, following the war of succession in Landshut, Duke Albert IV passed a law of primogeniture declaring that from now on Bavaria should be divided no more.

The Palatinate, admittedly, was not included in this agreement, for it was no longer at Duke Albert's disposal. Two Wittelsbach brothers, who had been fighting each other since 1317, had eventually agreed that one – Duke Rudolf – should be content with the Palatinate, while the other – King Ludwig – was to retain Upper Bavaria with the residence of Munich. Shortly after signing this treaty, Rudolf died. His brother Ludwig, in an attempt to bring peace to the family, confirmed the division once more. The decree of Pavia,1329, stated that his nephews and their heirs should inherit the Palatinate. From then onwards, Wittelsbach princes ruled in Old Bavaria and in the Palatinate. The division was so marked that the two branches of the family even went to war against each other; at the start of the Thirty Years' War, for instance, Maximilian I, Duke of Munich, vanquished the troops of the so-called "winter king", Frederick, Elector Palatine and King of Bohemia, near Prague.

In the end, however, the Bavarian line died out in 1777 and the Wittelsbach heir, Elector Palatine Karl Theodor, removed his residence to Munich, thus reuniting Old Bavaria and the Palatinate.

Although the new ruler courted popularity by laying out Munich's English Garden in 1789 and opening up the family's great art collection to the public, the people of his capital rejoiced at his death. His nephew from the Palatinate, Maximilian Joseph, succeeded to the title.

The 19th century started well for this new Bavarian Elector. In March 1803 Napoleon's complex territorial reorganization that went under the tongue-twisting name of "Reichsdeputations-hauptschluss" meant that the German Dukes – including Maximilian IV Joseph of Bavaria – received generous compensation for the land east of the Rhine that Napoleon had taken away from them.

The Wittelsbachs first had to renounce their claim to the Palatinate and also its satellite dukedom of Jülich-Berg, including the capital, Düsseldorf. In the years that followed, Maximilian was to receive compensation for the 200 square miles he had lost east of the Rhine. After a great deal of haggling, he was presented with 288 square miles, a patchwork of scattered territories both large and small. And so, after the reshuffling of land was at last completed in 1815, Bavaria had gained among others the bishoprics of Freising, Bamberg, Eichstätt, Augsburg and Passau, the former counties of Pappenheim, Schwabegg, Trauchburg and Ortenburg, and a number of Free Imperial Cities like Nuremberg, Memmingen, Lindau, Nördlingen, Dinkelsbühl and Windsheim. Other gains included the Imperial abbeys of Ursberg and Irsee, the Margravial Burgau and Ansbach-Bayreuth, and the Imperial communities of Gochsheim and Sennfeld. Finally, Bavaria was given back the Palatinate, for which all this bountiful compensation had been paid.

Fortune seems to have smiled upon Maximilian IVJoseph, whose solid provincialism concealed a flair for seizing his chances at the most opportune time. On January 1st,1806, Napoleon bestowed upon him a new title, and Elector Maximilian IV Joseph found himself King Maximilian I.

The task now fell to Maximilian to unite the new Bavaria, the Bavaria which we see on maps today (minus the Palatinate, which was lost in 1945), and forge a new state.

Until this territorial reorganization in the early nineteenth century, there had been only Old Bavaria and the Palatinate. Now, the addition of Franconians and Swabians turned Bavaria into a state with four peoples, and so it has remained until our own day. The Palatinate was lost to Bavaria after the last war, but then a decree of 1962 declared that the Bavarian government recognized the refugees from the Sudetenland as an ethnic group of the Bavarian people.

This adoption of the Sudeten Germans, though no more than a gesture, a temporary solution, turned out to be something of a self-fulfilling prophecy. Over 900,000 Sudeten Germans who had been driven out of their homeland, along with 600,000 refugees from the areas east of the Oder and the Neisse, produced children and grand-children who really did prove to be authentic Bavarians, Franconians or Swabians, as the case may be. They even adapted to the time-honoured (if tongue-in-cheek) description of Bavaria as a land ruled by Franconians, financed by Swabians and populated by a handful of Old Bavarians. The population figures, however, serve as a correction to this myth, for to the 5.7 million Old Bavarians there are only 3.8 million Franconians and 1.5 million Swabians.

By Old Bavarians are meant the inhabitants of the southern part of the land, as well as a greater part of the east. They have always been conscious of their peasant traditions, and still quote, with reference to themselves, Johannes Aventinus, a monk and historian from the Lower Bavarian town of Abensberg. Johannes wrote, in about 1520: "The Bavarian people are devout churchgoers. They enjoy pilgrimages and church processions; are more interested in farming than in war, which they do not seek; like to stay at home, not to go to war in foreign lands; drink copiously, produce many offspring; are rather unfriendly and stubborn, as people are who seldom stray from home and wish to grow old there..."

No Franconians or Swabians would feel this quotation applied to them. Were not Nuremberg and Augsburg the first cities to introduce industry in our time? Had not the dealers from Nuremberg once found their way across the whole country? And were not the prosperous merchant families of Augsburg, the Fugger and Welser, renowned throughout the world for their business acumen, so affluent that the Emperor himself borrowed money from them?

It was due to the efforts of one man that these three peoples, so different in character and with such varying traditions, united in the nineteenth century to form a homogenous, modern state: Count Maximilian von Montgelas. In the autumn of 1769, when the Electorship was no more than a pipe dream for the future King Maximilian, the Count drew up a 28-page plan of how Bavaria should be administered. Montgelas, the son of a emigrant from Savoy who had become a Bavarian Major-General, was an enlightened man, who had already had to flee from the Munich of Elector Karl Theodor for his opinions. He thought out a progressive programme of reform, which has made its mark on the government of Bavaria to this very day. Bavaria, for instance, still keeps to his concept of seven administrative areas. These were the regions of Upper Bavaria, Lower Bavaria, Upper Palatinate, Lower Franconia, Middle Franconia, Upper Franconia and Swabia, originally set up in 1817 and revised in 1837. This division has survived not only wars but also the land reform movement of 1972, which reduced the number of boroughs from 143 to 71 and the number of parishes from 4,456 to 2,644.

As seen on a map, the Bavaria of Maximilian I was double the size of that of his predecessor Karl Theodor. Once, all Bavarian rivers were known to flow into the Danube and thence to the Black Sea. Now, with Napoleon's reparations, the Main suddenly became Bavarian too. The Main and its tributaries, however, flowed westwards, in the oppposite direction, into the North Sea.

The two longest rivers of Bavaria, which take such different courses, are since 1992 connected by the Rhine-Main-Danube Canal, 173 kilometres long. The canal, liberally appointed with locks, runs from Bamberg, (240 metres above sea level), to Kelheim (343 metres) and between these two towns lies the great obstacle of the Franconian Alb. The canal cuts through the plateau near Berching and Beilngries at an altitude of 406 metres. Shortly before this, the canal crosses the watershed between the Danube and the Main near the town of Hilpoltstein.

It was Charlemagne who first had the idea of constructing a canal here, the Fossa Carolina. He planned to connect Altmühl, on the Danube, with Rezat, on the Rhine, but in 793 the project was suddenly abandoned although only 2,000 metres remained to be dug. The remains of the Fossa Carolina can still be seen near Weissenburg. It was left to King Ludwig I to complete his Ludwig-Danube-Main Canal. However, just as the first barges were making their run between Bamberg and Kelheim, another historic event was taking place. On December 7th, 1835, the first German steam engine chugged its way along the six and a half kilometres between Nuremberg and Fürth. Within a few decades, the canal project had proved itself worthless and unprofitable in a land now served by a comprehensive network of railways.

The canal passes through Altmühlvalley, renowned not only for its striking scenery but also because it marks the site of one of Bavaria's earliest settlements.

It is not known when men first arrived in Bavaria. They were presumably Paleolithic hunters, nomads who roamed the forests and plains two hundred thousand years ago, perhaps later. One of the earliest traces of human habitation comes from the Speckberg, an outcrop near the small town of Nassenfels, north-west of Neuburg on the Danube. A hoard of about 30,000 hand axes, between eighty and one hundred thousand years old, was discovered within a small area. Here, apparently, there had been a factory where Stone Age hunters fashioned the weapons with which they killed their prey. A find of much earlier date was discovered shortly after the last war in the Weinberg caves at Mauern, not far from Nassenfels. It is a female figure, seven centimetres high and about thirty thousand years old, and it appears to have had some ritual significance. The statuette, now in the State Archaeological Collection, is in fact not immediately identifiable as female, and may have been hermaphrodite. Nevertheless, this limestone figure is known as the Red Woman of Mauern, and is the earliest known human representation in Bavaria, perhaps in the whole of Germany.

Nassenfels and Mauern are somewhat removed from the upper reaches of the River Altmühl, but the original inhabitants of Neuessing settled in caves directly above the river ten thousand years ago, leaving many traces of their culture. The last Ice Age was not yet at an end and glaciers still extended from the Alps to Munich. Among the most interesting finds is a horn baton on which are carved little animals. This instrument was probably used by Stone Age Bavarians in hunting rituals.

As the climate became warmer, the glaciers melted and people settled in the open plains. Fishermen and huntergatherers settled south-west of Ingolstadt, for instance, an erected tent-like huts, the earliest living quarters to have been discovered in Bavaria, although archaelogists working on the site found no more than a few discolourations of the ground.

Further upstream, between Regensburg and Straubing, the finds have been much more rewarding. This fertile area around Straubing, on the right bank of the Danube, has always been the corn belt of Bavaria, and has been densely populated since Neolithic times. Plentiful remains of Neolithic settlements, dating back four or five thousand years, have also been discovered by archaeologists on the lower reaches of the Isar between Plattling and Munich, in the Ries area and in the region between Würzburg and Schweinfurt.

Bavaria, then, has been inhabited for 120,000 years. But who were these Stone Age Bavarians? What did they look like, where did they come from and what happened to them? No-one knows.

The first inhabitants that we have more precise, if scanty, information about, are the Celts. Unfortunately they left no written records, as writing was unknown to them, so the few clues we have about them come from archaeological finds and writers from the ancient world.

The Celts settled throughout pre-Christian Europe, and we find them in Bavaria in about 500 B. C. Some made their home in Franconia, but the majority lived south of the Danube. By all accounts they were stubborn individualists who refused to pay homage to any king, but rather formed themselves into tribes or large family units, very like the clans that even today may be found among the Scots – incidentally, another Celtic people, who preserve many of their Celtic traditions.

It was in the Celtic-dominated half-century before the birth of Christ that the first towns, the "oppida", appear in Bavaria, in the region of Rothenburg, on the Staffelberg in Upper Franconia (near Vierzehnheiligen), in the Ries and Allgäu areas and above Kelheim. The largest and most influential of these towns was Manching, which lay in the Danube valley south of Ingolstadt. Manching had roughly ten thousand inhabitants. It has been calculated that 420,000 cubic metres of earth and rock must have been shifted to build the town wall, which was seven kilometres long and three or four metres high.

Within the town walls of Manching – the original Celtic name is not known – iron was smelted, gold was fashioned into coins (the so-called rainbow dishes), and various wares like ceramic pots and bracelets of coloured glass were manufactured. Besides craftsmen, the population of Manching – said by many experts to have been the largest place in Europe at one time – consisted mainly of merchants. This is where important trade routes linking north, south, east and western Europe converged, close to a crossing-point on the Danube.

One day, however, in about 50 B. C. according to the latest research, this great town fell into decline. It was not rediscovered until the site was chosen for a military airport. Some say, however, that Manching survived until 15 B. C., the year in which the armies of Rome conquered Celtic Bavaria in the course of a single summer.

As a consequence of this invasion, the land between the Alps and the Danube became known as Rhetia, a province of the great Roman Empire. Rhetia was protected from the Germanic tribes of the north by a vast wall, the Limes, 120 kilometres of which ran across Bavaria. The total length of the Limes was in fact over 500 kilometres. It began on the Rhine near Remagen and described a curving path south and southwest till it reached the area near Lorch and Schwäbisch Gmünd; from there it continued eastwards, and a few kilometres south of Dinkelsbühl, near Mönchsroth and Wilburgstetten, it entered Bavarian territory to end between Eining and Weltenburg. North of this boundary there lived the Germanic tribes, mainly those known to the Romans as the Marcomanni, the Narisci and the Alemanni; to the south of the Limes, the Romans established their military camps and towns, often choosing former Celtic sites like Kempten, Regensburg, Straubing or Passau. Augsburg, however, founded by the Romans as a military base, became the capital of the province.

Legionaries from all over the Empire were stationed in Rhetia, occupation troops from Syria and Spain, from the Lower Rhine, from Portugal and from Rome. No doubt many of these soldiers married local Celtic girls and started off the Bavarian melting-pot. After the final unceremonious retreat of the Romans – the last soldiers were officially recalled in 488 A. D. – the Germanic tribes who till then had been confined behind the Limes moved over the boundary, and from this concoction of races there emerged a new people, who called themselves Bavarians.

In fact after 233, the year which marked the ferocious attack of the Alemanni on the Limes, the Romans' line of defence was penetrated time and time again. The Romans yielded in the end; nevertheless, they left to following centuries a legacy in the form of an invisible boundary across the land, which irrevocably divides those living south of the Limes from the so-called "Prussians" to the north of it. As late as our own century, the famous travel writer Wilhelm Hausenstein stated "... the Limes (not the Main) is our line of fate, the line that determines our quality". To use the Bavarian terminology, this would mean that Prussia begins in deepest Bavaria; any north Germans travelling south might be interested to know that they cross the crucial line of the Limes on the motorway from Nuremberg to Munich, shortly before the Denkendorf exit.

Admittedly those trying Prussians whose boundaries extend so far into Bavarian territory are far removed from those Prussians we associate with Frederick the Great and Kaiser Wilhelm. No surveyor has ever measured what the Bavarians regard with distrust as "Prussia" and it can never be mapped, for this concept of a "Prussian" mentality is embedded in the Bavarian soul. Its boundaries are much more far-flung than one would expect, as is illustrated by the story of the pernickety Japanese customer who so irritated the woman serving at a stall in Munich's market that she eventually felt compelled to express her rage and contempt as forcibly as she could. She looked him up and down with a withering glance and muttered "You Japanese Prussian!"

Watchtowers and forts were erected to defend the Limes from the northern tribes; to the south of the Roman province, however, there was free traffic in imported wares and foreign influences. A certain savoir-vivre crept in from Italy, along with the art of building stone houses, although this technique was soon forgotten when the Romans withdrew. The Roman troops also introduced to Bavaria a forbidden religion, practised in secret at first: Christianity.

A legend relates of the first Christian Bavarian, Afra, apparently a young woman who ran a brothel in Augusta Vindelicorum, now Augsburg. One day a Spaniard took refuge in her house. He was a bishop fleeing from religious persecution, and he managed to convert not only Afra, who turned out to be a princess driven out of her native Cyprus, but also her three girls. The four had to pay dearly for their conversion; they were burnt alive on an island in the Lech in the year 304. The new religion, however, could not be stamped out, although many years were to pass before Bavaria finally became a truly Christian land. By this time the Romans had long disappeared and the country was ruled by Dukes of the Agilolfinger family.

Missionaries arrived from the west, from Gaul and from Ireland, to preach Roman Christianity in Bavaria: Emmeram in Regensburg between 670 and 680, Rupert in Salzburg, Korbinian in Freising, Willibald in Eichstätt and Kilian in Würzburg.

The missionaries had a hard and dangerous task in converting the Bavarians to Christianity, and two at least – Emmeram and Kilian – paid for their efforts with their lives. But when the Bavarians finally accepted the new doctrines, they became true, devout members of the church, with the peasant's natural distrust of sects. They looked up to heaven and sent up their prayers (and occasionally, out of sheer fury with the powers that be, a few good blasphemous curses) but they retained a sane and solid attitude to religion. They built churches to the glory of God throughout the land, but the churches were to their own taste and their own glory at the same time. Church architecture developed slowly, however, and the first buildings were primitive wooden constructions. Then stone was introduced in the period we now call the Romanesque, resulting in such splendid edifices as the churches of Urschalling, near the Chiemsee, (famous for its frescoes of Adam and Eve), Altenstadt near Schongau, Ilmmünster, Petersberg near Dachau, Prüfening-Regensburg, Perschen near Nabburg, and Biburg, all dating from the 12th or 13th centuries. These are all Old Bavarian, but churches of this period are also to be found elsewhere in Bavaria, for instance in Ebrach, Heidenheim, Obermerzbach and Wittislingen.

The foundations of church organization had been laid for centuries when the Romanesque churches were built. It was the English missionary Boniface who in 739 founded the dioceses that were to stand virtually unchanged for over a thousand years. There were originally four dioceses, Passau, Freising, Regensburg and Salzburg and to these was added Eichstätt in 741 or thereabouts. Boniface also set up the diocese of Würzburg. Emperor Friedrich II, however, transferred certain parishes from Würzburg and Eichstätt when he needed land for his new diocese of Bamberg.

At about this time we find the first mention of a Bishop of Augsburg, Bishop Wikterb. Wikterb was in fact only one of a long line of bishops of Augsburg, the first of whom was possibly consecrated as early as the fourth century, during the Roman occupation.

The story of the first bishops and dukes has been handed down to us chiefly in the form of legends, although a certain Arbeo, who held office as the third Bishop of Freising between 764 and 783, actually left written testimony of his existence; this was a Latin version of the lives of St Korbinian and St Emmeram. It makes Arbeo the earliest Bavarian writer known to us by name. In his "Vita Emmeram", Arbeo also gives the oldest extant description of Bavaria: when Emmeram saw this land, so Arbeo relates, "it was excellent, rich in forests and fruitful in wine. It possessed iron in great quantities, and overflowed with gold, silver and costly purple dye. The men were tall and strong, firmly pledged to brotherly love and righteousness. The earth was fertile and brought forth much seed; the land seemed to be covered with herds and draught cattle; there was an abundance of honey and bees, and the lakes and rivers were teeming with fish ... the capital was the impregnable town of Regensburg, with its sturdy stone buildings, its soaring towers and abundant springs..."

In this well-defended town – presumably in the remains of the old Roman garrison –, the Agilolfinger family took up residence. The oldest rulers of Bavaria, they had been there since the sixth century. The first Duke, Garibald, was folowed by Duke Tassilo, then by another Garibald. Following these are two Theodos and a Theudebert. Historians have had a hard time trying to work out the chronology of the Agilolfinger dukes, but one thing is certain, that two of its most illustrious and influential members lived towards the end of almost two centuries of Agilolfinger rule. One was Odilo, who reigned from 736 to 748, founder of many monasteries, the other was the last and most important of all the Agilolfingers, Duke Tassilo III (748 - 788). It was he who founded the monasteries of Schlehdorf, Innichen and Kremsmünster. He was deposed by Charlemagne and forced to retire to a monastery in disgrace from them on we lose track of him. Thust he first long chapter of Bavaria's history drew to an end and for the first time Bavaria lost its relative independence.

The Carolingians, with an eye to increasing and consolidating their sphere of influence, ousted the Agilolfingers for ever, but a few centuries later, they themselves had to make way for newcomers. Other powerful families seized power: the Luitpolds, the Saxons, the Lützelburgers, the Salian dynasty, the Zütphen and von Ostheim families, the Welfen in 1070 – and then, on September 16th, 1180, in the Thuringian town of Altenburg, the course of history took a new turn. Count Otto von Wittelsbach received the feoffment of the Dukedom of Old Bavaria. The Wittelsbachs did not at first glance seem a family destined for the highest honours, and there were indeed richer and more influential families in the Duchy, but the Wittelsbachs had a stroke of luck and made the most of it with masterly skill and, when so required, ruthlessness. In the end they ruled over a period of 738 years,1 month and 22 days, longer than any other European dynasty.

Between the Wittelsbach's first duke, Otto I and their last king, Ludwig III, there were of course any number of heroes and villains, misers and profligates. There was, for instance, Ludwig I, the second Duke, murdered by a person unknown on the bridge over the Danube at Kelheim in 1231. He had strengthened his family's regime and, by his marriage to the widowed Duchess Ludmilla von Bogen, had added the diamond motif to his family's coat of arms, and therefore to Bavaria's too.

One of his grandchildren, Duke Ludwig II, or Ludwig the Harsh, was the first of the Wittelsbachs to set up his residence in Munich. As his epithet implies, he was a brutish man, who, racked by jealousy, stabbed his innocent young wife to death in 1256. In the previous year he and his brother Heinrich XIII, as leading members of the family, had divided Old Bavaria between them. This resulted in the divisions of Lower and Upper Bavaria. Otto, one of Heinrich's sons, born in Landshut in Lower Bavaria, even became King of Hungary for a short time. Thus Otto III became Bela V – and after a shameful reign among the Magyars, returned to being Otto III again.

Otto's cousin Ludwig, from Munich, was luckier, although he was stoned out of the Holy City of Rome after being crowned Emperor in 1328. Nevertheless, he bore the proud title of King and Emperor of the Holy Roman Empire of the German People. He had to contend with rivals to his position but that was not unusual for the times. The most significant battle he fought to defend his title took place in 1322 near Mühldorf and Ampfing. It was the last battle of knights on German soil; it made Ludwig famous and made a fellow fighter the subject of a saying. After the battle, when Frederick the Fair of Austria had been taken prisoner, the Wittelsbach Emperor sat down to a meagre meal with his knights. The only honour he could bestow on his bravest fighter was a double helping; "Jedem Mann ein Ei, dem braven Schweppermann aber zwei!" (One egg for every man of you; reward good Schweppermann with two!")

When Ludwig died in 1347, he left six sons and a vast kingdom. As his heirs died, so the land was lost again, with the exception of the Old Bavarian homeland. It was his great-grandchildren who proved the most interesting of his descendants. Elisabeth, the daughter of the Duke of Bavaria-Ingolstadt, became Isabeau de Baviere, wife of the mentally ill French King Charles VI. This beautiful young princess from Bavaria has been treated unkindly by historiographers, among them Friedrich von Schiller in his play "The Maid of Orleans". One of the rumours spread about her at that time was that Joan of Arc was really her illegitimate daughter.

Elisabeth had a cousin by the same name, known as "the fair Els". She married the Count of Nuremberg and thus became the founder of the Hohenzollern line. Another contemporary and cousin of these two ladies was Duke Ernst of Bavaria-Munich, who gained a place in Bavarian history because of a violent deed. His son, Duke Albrecht, had secretly married a certain Agnes Bernauer, and in October 1435, Ernst arranged for Agnes to be drowned in the Danube near Straubing. He came to repent his crime, and in atonement erected a chapel in St Peter's cemetery that can still be seen today.

A few years after the murder of Agnes (which is still enacted every four years in the Straubing festival) a great wedding ceremony took place in Landshut: in 1475 Duke Georg married Jadwiga,

(Hedwig) the daughter of the Polish King. The Dukes of Lower Bavaria ruled over the most fertile lands in the country, and three of them bore with pride and, it may be added, with good reason, the epithet "the Rich".

Since the state coffers were full, a lavish wedding ceremony was planned for the young Duke Georg and his bride Jadwiga in 1475. The event was spoken of with awe at the time and is re-enacted every four years in Landshut, in the biggest historical festival in Germany. The celebrations lasted a week and 146 cooks were employed to provide food for the guests. Since anyone who happened to be in Landshut at the time, as resident or guest, was there at the king's expense, the ceremony cost about 25 million marks in modern terms. Some items of the bill included 232 oxen, 285 swine, 684 sucking pigs, 1,537 lambs, 490 calves, 194,345 eggs, 220 hundredweight of lard, 6 tons of herring and 140 pounds of raisins.

This magnificent wedding turned out to be the prelude to an unhappy marriage. The bride was soon packed off to Burghausen, a grass widow. The rule of the rich Dukes of Lower Bavaria was drawing to an end, for Duke Georg had no male descendants and Munich lost no time in laying claim to his lands. In the Landshut war of succession, (in which the famous German knight Goetz von Berlichingen lost his right hand) the fate of the country was sealed. Lower Bavaria fell to Uppper Bavaria, the two were reunited, and have remained so ever since.

Munich thenceforth became the capital of Old Bavaria and the Wittelsbach family spared no pains to enhance their city and court. Wilhelm IV commissioned Albrecht Altdorfer to paint his "Alexanderschlacht" (one of Napoleon's favourite pictures, now in the Alte Pinakothek) in 1529, took care that his land did not fall prey to the Protestant doctrines of Martin Luther, and died insolvent. Albrecht V, his successor, collected works of art, laid the foundations of what was later to become the Bavarian State Library, the biggest in Germany, built the first museum north of the Alps and died insolvent. The devout Wilhelm V built the great church of St Michael in Renaissance style for the Jesuits of Munich, and erected a huge monastery in the city centre. In spite of a modest personal outlay, his debts reached such an enormous figure that he could see no way out of his dilemma and abdicated in favour of his son Maximilian. Amazingly, Maximilian managed not only to haul his country out of the depths of its financial crisis, but also to remain so satisfactorily solvent that he could afford to add an imposing frontage to his Munich residence and provide the main contribution to the Roman Catholic Party in the Thirty Years' War.

In 1623, the admirable Maximilian was honoured with the title of Elector of Bavaria; in 1651 he was succeeded by his colourless son Ferdinand Maria, who married a young lady from Savoy. She took a hearty dislike to Bavaria, but nevertheless she exerted an enormous and long-lasting influence on the land, for in 1663, at her behest, Italian architects started work on the Theatinerkirche in Munich, introducing Baroque architecture to Bavaria for the first time.

The Old Bavarians had built in the Romanesque style, and in the Gothic style. Examples of these can still be seen in the Minster of St Martin in Landshut, which boasts the world's highest brick tower, the Frauenkirche in Munich, the churches of Amberg and Dinkelsbühl. But now they had found the style that best suited them and which they finally came to be identified with – the Baroque.

Barely one and a half decades after the end of the Thirty Years' War, building and renovation work started on a scale that had never been seen before. In Franconia and Old Bavaria, the areas where Baroque architecture took greatest hold, old Gothic churches were rebuilt, and new churches and palaces sprang up everywhere.

So the face of Old Bavaria was changed. The most prevalent and most obvious sign of the new style and the new spirit was to be seen in the onion towers that appeared all over the land. It seems likely that the stimulus for this new and bizarre architectural style came from Byzantium via Venice, but the imaginative Bavarian builders adapted their models with such consummate ease that in the end questions of origin became superfluous.

The Thirty Years' War had succeeded in devastating the land. In the century that followed, artistic achievemant reached its zenith in Old Bavaria. Bavarian Baroque and Rococo includes a wide spectrum: cherubs, great ceiling frescoes, rich gilded carvings, the music of Christoph Willibald Gluck (although his triumphs were celebrated mainly in Vienna and Paris), and of course the many artists, known at home and abroad, whose names resound across the centuries: Cosmas Damian and his brother Egid Quirin Asam, Dominikus Zimmermann, Johann Michael Fischer, Balthasar Neumann, the Dientzenhofers, the Nymphenburg porcelain modeller Franz Anton Bustelli, the many stucco artists who were trained at the school of Wessobrunn (several hundred in all likelihood), François Cuvilliés and Ignaz Günter. Although the new style had been copied from the Italians, the Bavarians injected it with their own brand of artistic sense and commitment, until Bavarian Baroque and the later, more sophisticated form known as Rococo were actually equated with the land and its people. Thus Bavarian Baroque became Baroque Bavaria.

Those were some opinions of the Old Bavarians in the course of the centuries. Such quotations are numerous, for visitors regarded the Bavarian as a strange exotic being, somewhat boorish, though not lacking sensitivity, talented in music and the visual arts, one who lived on familiar but respectful terms with his God while by no means oblivious to the joys of life on earth.

The many descriptions of the Bavarians – and how many anthologies are full of them – apply only to the ancient people of the Baiuvari who lived between the Alps and the Danube. The Franconians and the Swabians have somehow been forgotten, although they make up about half the total population. They too have contributed toward the fame of Bavaria; we need only mention such ilustrious names as Albrecht Dürer, Veit Stoss, the two Holbeins, father and son, Elias Holl, Martin Behaim, Peter Henlein, Hans Sachs, Albertus Magnus, Leonhard Frank and many others.

Less attention has also been paid to recording historical events in the backwaters of Franconia and Swabia. Bavaria's history, if turbulent, is easier to grasp as a whole, since the area has remained a relatively closed and stable political unit. Bavaria's smaller, sometimes miniscule, satellite territories could hardly exert such influence on the course of history. Nevertheless, considering their size and limited possibilities, they brought forth a number of interesting personalities and events. As an example there are the peasants of the Allgäu and Franconia, who rebelled against their masters in 1525, only to be subjected to the most savage punishments after their uprising was crushed. The peasants of the Dukedom of Bavaria were not so oppressed and did not become involved in their neighbours' revolt.

The Prince-Bishop of Würzburg, Julius Echter of Mespelbrunn, has gone down in history books as one of the co-founders of the Catholic League, along with the Duke of Bavaria, later the Elector Maximilian. Echter, one of the leading figures of the Counter-Reformation, died in 1617 and one of his successors was Johann Philipp von Schönborn, the first of three Schönborns to succeed to the throne of Würzburg, the capital of Franconia. One of the great achievements of Johann Philipp's thirty-year reign, which ended in 1673, was the abolishing of witch trials. The second of the Schönborns, also named Johann Philipp, ruled for only a few years, but during this time, in 1720, building work started on the great Würzburger Residence. The palace was finally completed by Friedrich Karl von Schönborn, king from 1729 to 1746. It was during the reigns of the three members of this influential family that Franconian Baroque reached its peak. (Yet another of the Schönborn family, Lothar Franz, Elector, Archbishop of Mainz and Bishop of Bamberg, commissioned Johannn Dientzenhofer to build Schloss Pommersfelden in 1711.)

Bavarian history is the story of many formerly independent states. Since the early 19th century, however, all of them – Imperial Cities, Bishoprics, Counties and Principalities – have shared a common history. The first king of the whole region was Maximilian I Joseph from the Palatinate. He had the nature of an easy-going peasant, unlike his successor in 1825, the fiery, brilliant Ludwig I. Ludwig was a great builder and collector, determined on making Munich into a city without parallel. His aim was to ensure that noone could say they had seen Germany without seeing Munich. In the year of revolutions, 1848, he was forced to abdicate because of his infatuation with the pseudo-Spanish dancer Lola Montez. Ludwig I was succeeded by his son Maximilian II, a king who would rather have been a professor of history, a monarch with a social conscience. He died unexpectedly in 1864, leaving the monarchy of Bavaria to his 18-year-old son Ludwig II, who was sadly unprepared for this high and arduous office. Although Ludwig increasingly avoided contact with his subjects and reigned in his own unconventional way, this tall Wittelsbach monarch became Bavaria's Dream King. His name is still revered over a century after his death and honoured in many King Ludwig societies.

Ludwig built three palaces which were to stand as his monuments, Linderhof, Neuschwanstein and Herrenchiemsee. These three together cost over 30 million marks. In fact Bavaria had had to pay the Prussians one and a half times as much as this in reparation for the lost Austro-Prussian war of 1866. The expenditure played havoc with Ludwig's treasury, and the Minister President, fearing for his own position, urged that the King should abdicate. A few days later, on June 13th, 1886, Ludwig was found drowned in the Starnberger See in circumstances that have never been fully explained.

Ludwig's uncle, Prince Luitpold, was 65 years old when he took over as the Administrator of the Kingdom of Bavaria. It was difficult for him to win the confidence of the Bavarians, who remained loyal to the Wittelsbach family and suspected Luitpold of having a hand in Ludwig's death. Luitpold, however, was blessed with an affable nature and kept close contact with his subjects. He finally became one of the most popular of Bavarian rulers, and the period of his regency became synonymous with that of the "Good Old Days". He died on the twelfth of the twelfth, 1912; less than two years later came the outbreak of the First World War.

Germany emerged defeated. On November 7th, 1918, the Berlin-born Dr Kurt Eisner abolished the nearly thirteen-hundred-year-old monarchy of Bavaria in a bloodless revolution and became Minister President. Eisner was on his way to Parliament to hand in his resignation a few months later when he was murdered by a fanatical young officer. This event triggered off a workers' revolution, but the revolt of the Left was soon to be followed by a far more bloody revolt of the Right. It was in these tumultuous times, when those appalled by the chaos began to long for the return of law and order, that Adolf Hitler appeared in Munich beer-halls and with raised fist and ringing oratory began his rise to power by promises of peace and security.

The sequence of events that began in Munich and which was soon to sweep across the whole of Germany finally came to end in 1945, leaving millions of dead in a war-torn, divided nation. Nearly half of Munich and Schweinfurt lay in ruins, over a third of Nuremberg and 85% of Würzburg.

In Bavaria, as elsewhere, there have been more changes in recent decades than in all the previous centuries of its history. A latecomer to industrialization, Bavaria is now one of the scientific centres of Europe, home to more than a dozen Max Planck institutions. Besides the most modern technology, there are well-established firms of repute, the oldest of which must be the mills and breweries. The brewers of Munich, a city famed for its beer, are mentioned in a charter of 1280, and some Munich breweries trace their origins to medieval times: the Hackerbrauerei dates from 1363, for instance, the Löwenbrauerei from 1383 and the Spatenbrauerei from 1397.

The great challenge is now to reconcile tradition and progress in Bavaria. The huge satellite receivers of Raisting near the Ammersee and its little Baroque church stand as a symbol of this juxtaposition, but not always do past and future harmonize so gracefully. Bavaria has its share of the hazards that result from the waste products of modern technology and industry.

Now starts our photographic journey through the seven regions of that Bavaria dreamt of by strangers and loved by its inhabitants. A picturesque, ideal Bavaria maybe, but presented here to illustrate the inestimable value of the Bavaria that is endangered – and of which we are the guardians.

Hans F. Nöhbauer: Voyage à travers les paysages et l'histoire de la Bavière

Depuis toujours, que ce soit chez eux ou ailleurs, les Bavarois ont la réputation d'être extrêmement pieux. C'est peut-être pour cela que le Très-Haut modela leur pays avec un amour tout particulier lorsqu'il décida de créer le monde. Au sud, il érigea de hautes montagnes et y étendit les paysages doux des Préalpes parsemées de lacs. A l'est, il délimita la région avec des massifs recouverts de forêts magnifiques: le Bayerische Wald, l'Oberpfälzer Wald et le Fichtelgebirge. A travers le pays, il étira la courbe élégante du Jura franconien auquel il ajouta la Suisse franconienne qu'il dota de formations bizarres de rochers. Et avant de fermer le territoire bavarois au nord avec les croupes boisées de la Rhön et au nord-ouest par les épaisses forêts de sapins du Spessart, il fit décrire au Main de curieuses sinuosités au fond d'une vallée fertile et verdoyante.

Pour créer ce chef-d'œuvre de la nature, il utilisa pourtant les mêmes matériaux dont il s'était déjà servi dans les autres parties du globe terrestre: le gneiss, le granit, le quartz, le calcaire et le grès.

Il y a quinze millions d'années environ, alors que le monde existait depuis des milliards d'années, un dernier phénomène venu du ciel se manifesta en Bavière. Un météorite d'un km de diamètre s'abattit sur la région de Nördlingen-Wemding-Harburg et y enfonça un énorme trou d'un rayon de 20 km. Cette dépression circulaire, appelée le Ries, sépare le Jura souabe du Jura franconien et compte parmi les raretés géologiques du globe. Le phénomène est même si étrange que les astronautes de la NASA vinrent faire leur entraînement géologique dans la région avant d'effectuer le premier voyage sur la lune.

Que ce cratère singulier soit justement dans leur province est du goût des Bavarois. En effet, ils aiment à se distinguer du reste du monde. Un des plus grands compliments qu'on puisse leur faire est d'affirmer que chez eux, tout est différent d'ailleurs!

La Bavière a certains problèmes avec l'Allemagne. D'abord, elle est plus ancienne que l'ex-empire. Le mot «bavarois» par exemple a au moins deux cents ans de plus que le mot «allemand». C'est sans doute pourquoi ce pays du sud a toujours cultivé son autonomie: Le 20 mai 1949, après quatorze heures de débats, le Parlement de Bavière refusait de ratifier la loi fondamentale de la République fédérale en votant 101 voix contre 73. La Bavière voulait certes participer à la création de la République, mais elle trouvait que les organes fédéraux avaient trop de pouvoirs par rapport à ceux des Länder, que la constitution n'était donc pas assez fédéraliste.

«Bavière, Etat libre» c'est ainsi que se surnomme le Land sur ses poteaux-frontières et sur ses documents officiels afin de marquer son désir d'autonomie dans la Fédération.

Après l'abolition de la monarchie en 1918, plusieurs Länder allemands avaient pris le nom «d'Etat libre». Il y eut les Etats libres de Saxe, de Mecklembourg-Schwerin et de Braunschweig ainsi que huit Etats libres thuringiens (qui toutefois s'allièrent rapidement pour n'en former plus qu'un). Les Länder nouvellement créés abandonnèrent l'appellation au bout de peu de temps. Seule la Bavière, garda ce titre ronflant qui n'a toutefois aucune signification officielle et n'apporte aucun droit spécial. La Bavière est un Land parmi les autres. Cependant, il n'est pas seulement le plus ancien, mais aussi le plus vaste avec une superficie de 70.553 km^2. Les patriotes bavarois qui aimeraient voir leur région libre et indépendante, racontent volontiers que la Bavière est aussi grande que la Hollande et la Belgique réunies, qu'en superficie elle dépasse de loin la Suisse ou le Danemark et que même l'Irlande ne compte que quelques centaines de km^2 de plus.

La Bavière tient aussi le haut du pavé dans la Fédération des 16 Länder allemands. Elle est deux fois plus grande que celle de la Rhénanie-du-Nord-Westphalie. La Hesse pourrait y loger trois fois et la Sarre vingt-sept fois.

Mais l'importance et le rang économique d'un Etat ne se mesurent plus par le nombre de ses km^2. Le PIB, le produit intérieur brut, définit le rang et le succès. Selon les statistiques, la Rhénanie-du-Nord-Westphalie, le Land le plus peuplé avec 16 millions d'habitants, occupe la première place. Les donze millions de Bavarois prennent la seconde. En 1997, ils ont gagné 539,5 milliards de marks pour 701,6 milliards en Rhénanie-du-Nord-Westphalie.

Après la seconde guerre mondiale, la Bavière rurale se transforma en une région industrielle. Depuis ce temps, les technologies dites d'avenir y connaissent un essor rapide: l'industrie électrotechnique et électronique, l'industrie aéro-spatiale, l'industrie automobile représentée par deux marques célèbres de voitures...

Alors que le nombre des actifs diminue depuis des années dans le secteur agricole, une autre source traditionnelle de revenus ne cesse d'augmenter: le tourisme qui amène chaque année quelque 20 millions de visiteurs.

La plupart d'entre eux séjournent dans le haut pays, en montagne et sur les bords des lacs. La Bavière offre pourtant de nombreuses autres attractions: la région dite Pfaffenwinkel parsemée d'admirables monuments baroques, les chaos de la Suisse franconienne, les vastes étendues boisées du Bayerische Wald avec ses parcs nationaux, les paysages de vignobles du Main, et Munich avec ses beaux musées, ses boutiques élégantes de la Theatinerstrasse et de la Maximilianstrasse, ses «Biergärten», terrasses où la bière coule à flots et les édifices aux lignes hardies du parc des jeux olympiques de 1972...

La beauté de ses paysages et ses nombreux monuments font de la Bavière une région de vacances très appréciée. Cet ouvrage fait découvrir les sites et les édifices historiques dans un voyage imaginaire qui débute en Basse-Franconie, se poursuit à travers la région avant de s'achever à Passau.

On a apparemment oublié les anciens Bavarois dans la turbulence des grandes invasions. Quand en l'an 550, un chroniqueur médiéval les mentionne subrepticement, il y a déjà fort longtemps qu'ils se sont installés dans la région que leurs descendants occupent encore aujourd'hui, près de 1500 ans plus tard. La province est ce qu'on appelle «l'ancien pentagone bavarois» formé de la Haute-Bavière, de la Basse-Bavière et du Haut-Palatinat.

Durant la longue histoire bavaroise, le pays acquit parfois des territoires lointains. A une certaine époque, la principauté s'étendait jusque derrière Vérone, Ljubljana et Vienne. A un autre moment, en 1350, le petit village de Berlin devint même bavarois. Pourtant, la Bavière perdit toujours ses possessions, mais ce qui ne lui fut jamais enlevé était le siège entre le Danube (Donau) et les Alpes, la région au nord et au nord-est de Ratisbonne (Regensburg), gouvernée depuis 1180 par la dynastie des Wittelsbacher. D'abord ducs, les maîtres des lieux devinrent ensuite princes-électeurs et occupèrent même par deux fois, le trône impérial allemand.

Le seul territoire que la famille put sauver au cours des siècles fut le Palatinat électoral avec les villes Heidelberg et Zweibrücken, qui avait été acquis par mariage en 1214.

Quelques décennies après leur inféodation des territoires lointains situés à l'ouest, les Wittelsbacher eurent l'idée funeste que le pays pouvait très bien être partagé entre plusieurs membres de la famille en cas de discorde ou de problèmes d'héritage. Il y eut donc à certaines époques une Bavière-Landshut, une Bavière-Munich, une Bavière-Ingolstadt et une Bavière-Straubing. Cette coutume navrante, fort onéreuse pour les populations et source de nombreux conflits, ne prit fin qu'en 1506. Après une dernière guerre de succession, le duc Albrecht IV ordonna, par une loi de primogéniture, que la Bavière ne serait plus jamais divisée.

Le Palatinat ne faisait pas partie du contrat. Il y avait déjà longtemps que cette région n'était plus sous la souveraineté du duc qui siégeait à Munich. En 1317, deux frères Wittelsbacher, les ducs Rodolphe et Louis (le futur empereur Louis IV de Bavière) étaient finalement parvenus à une entente après une période de longues querelles. Le duc Rodolphe se contentait du Palatinat tandis que Louis gardait la Haute-Bavière et la capitale Munich.

Rodolphe mourut peu de temps après le partage. Pour établir définitivement la paix dans la famille, Louis décida en 1329 à Pavie, que le Palatinat reviendrait à son neveu et à ses descendants. A partir de cette époque, il y eut des princes de Wittelsbach en Bavière et dans le Palatinat. La séparation était si radicale que la famille se retrouva même quelquefois dans des camps opposés durant les guerres. Par exemple, au début de la guerre de Trente ans, le duc munichois Maximilien I remporta la victoire à la bataille de Weissen Berg près de Prague contre les troupes de son cousin, le prince-électeur palatin et roi de Bohème Frédéric surnommé le «roi de l'hiver».

Cette situation trouble se termina en 1777. Les Wittelsbacher palatins héritèrent quand la lignée bavaroise s'éteignit. Le prince-électeur Charles-Théodore vint s'installer à Munich. La Bavière et le Palatinat étaient de nouveau réunis.

Bien qu'en 1789, le nouveau maître du pays fît aménager pour les Munichois le magnifique parc qu'est le Jardin Anglais et leur ouvrît la grande galerie de peinture des Wittelsbacher, sa mort fut accueillie avec soulagement dans la capitale. Par contre, son successeur, son neveu palatin Maximilien-Joseph y était reçu à bras ouverts.

Le 19e siècle commença sous de bonnes augures pour le nouveau prince-électeur bavarois. En mars 1803, la Commission principale de la Députation d'Empire indemnisa généreusement les princes allemands lésés par la perte des territoires sur la rive droite du Rhin que leur avait pris Napoléon I. Et Maximilien IV Joseph de Bavière faisait partie de ces princes.

Le monarque bavarois devait renoncer au Palatinat qui comprenait le duché de Jülich-Berg avec sa capitale Düsseldorf. Mais en échange des 200 milles carrés de la rive droite du Rhin, il s'arrangea pour récupérer 288 milles carrés d'autres terres au cours des années suivantes – une vraie mosaïque de petites et grandes seigneuries.

En 1815, la Bavière avait terminé de s'arrondir. Elle avait acquis entre autres les évêchés de Freising, de Bamberg, d'Eichstätt, d'Augsburg et de Passau - qui jusqu'alors avaient été gouvernés par des évêques-, des comtés tels Pappenheim, Schwabegg, Trauchburg et Ortenburg, des villes impériales comme Nuremberg (Nürnberg), Memmingen, Lindau, Nördlingen, Dinkelsbühl et Windsheim, les abbayes impériales d'Ursberg et d'Irsee, les margraviats de Burgau et d'Ansbach-Bayreuth et les villages impériaux de Gochsheim et de Sennfeld. En outre, la Bavière récupéra aussi le Palatinat situé sur la rive gauche du Rhin pour lequel elle avait reçu une généreuse indemnité peu de temps auparavant.

Maximilien IV Joseph était non seulement né sous une bonne étoile. En dépit de sa lourdeur paysanne, c'était un homme qui savait habilement saisir la chance quand elle se présentait. C'est sans doute pourquoi l'empereur Napoléon l'aida à parachever ses succès en lui offrant la couronne royale 1er. janvier 1806. Le prince-électeur Maximilien Joseph IV devenait le roi Maximilien Joseph I.

Ce premier roi avait à accomplir la tâche de gouverner et d'unifier la nouvelle Bavière – la Bavière telle qu'elle se présente encore aujourd'hui sur les cartes de géographie –, hormis toutefois le Palatinat, perdu en 1945.

Jusqu'aux grands nettoyages territoriaux du début du 19e siècle, la Bavière appartenait aux Bavarois et aux Palatins. Mais dès lors que des Franconiens et des Souabes vinrent les rejoindre, la région devint une nation de quatre peuples. Et elle l'est restée officiellement jusqu'à nos jours, malgré la perte du Palatinat après la seconde guerre mondiale. Un décret de novembre 1962 déclare que: «le gouvernement de Bavière considère le groupe ethnique allemand-sudète comme étant un peuple parmi ceux de Bavière.»

Cette adoption n'était qu'un simple geste et une résolution transitoire. En effet, personne ne doutait que les enfants et les petits-enfants des plus de 900 000 Allemands déplacés et des quelques 600 000 réfugiés des territoires à l'est de l'Oder et de la Neisse, ne deviendraient de vrais et bons Bavarois, Franconiens ou Souabes. Et qu'ils accepteraient aussi le partage des rôles qui autrefois, non sans humour, était décrit ainsi: la Bavière est une nation régie par les Franconiens, financée par les Souabes et habitées par quelques Bavarois.

Le nombre des habitants dément toutefois ce proverbe car la Bavière compte 3,8 millions de Franconiens, 1,5 million de Souabes et plus de 5,7 millions de Bavarois de vieille souche.

Cette caractérisation révèle pourtant une différence qui existe réellement: Les habitants du sud et d'une grande partie de l'est de la province, les premiers Bavarois, ont toujours été un peuple aux traditions paysannes. Aujourd'hui encore, ils citent volontiers et avec fierté l'historien Johannes Aventinus, enfant du pays, qui écrivait en 1520: «le peuple bavarois est religieux, tant bien que mal, va volontiers en pèlerinage et organise maintes processions. Il préfère la culture et l'élevage à la guerre qui l'attire peu. Il aime rester chez lui et ne part pas souvent en campagne dans des pays inconnus. Il boit beaucoup, fait beaucoup d'enfants, est plutôt renfermé et entêté comme c'est le cas avec les gens qui ne voyagent guère et veulent vieillir chez eux... »

Les habitants des autres parties de la Bavière, les Franconiens ou les Souabes ne se reconnaîtraient pas dans cette citation. Nuremberg et Augsbourg n'étaient-elles pas les premières villes industrielles bavaroises des temps modernes? Ne disait-on pas déjà au Moyen Age: «Les brimborions de Nuremberg partent vers tous les horizons?» Et les familles commerçantes d'Augsbourg, les Fugger et les Welser, (si riches que même l'empereur leur empruntait de l'argent), ne faisaient-elles pas des affaires prospères dans le monde entier?

Au début du 19e siècle, ces trois peuples aux traditions historiques et aux caractères si différents allaient pourtant devenir une nation moderne et unifiée. Le mérite en revint surtout à un homme: le comte Maximilien von Montgelas, fils d'un général de brigade bavarois d'origine savoyarde. Déjà à l'automne de 1796, alors que la dignité de prince-électeur n'était encore qu'un espoir lointain pour Maximilien-Joseph, le comte de Montgelas avait développé, dans un texte de 28 pages, un projet d'organisation administrative de la Bavière.

Montgelas était un homme aux opinions avancées. En 1785, à cause de ses idées, il avait dû s'enfuir de Munich où régnait le prince-électeur Charles-Théodore. Le programme qu'il conçut était si progressiste qu'aujourd'hui encore, on en trouve des traces dans l'administration bavaroise.

C'est de l'année 1817 (et modifiée en 1837) que remonte la division de la région en sept départements: la Haute-Bavière, la Basse-Bavière, le Haut-Palatinat, la Basse-Franconie, la Moyenne-Franconie, la Haute-Franconie et la Souabe. Cette répartition a survécu aux guerres et à la réforme du territoire de 1972 qui réduisit le nombre des arrondissements bavarois de 143 à 71 et celui des communes de 4456 à 2644.

Durant le règne de Maximilien I Joseph, les cartes de géographie montraient une Bavière deux fois plus grande qu'au temps de son prédécesseur Charles-Théodore. Jusqu'alors, on avait appris que tous les cours d'eau de la province coulaient vers le Danube et avec lui, se jetaient dans la Mer Noire à l'est. Mais maintenant, le Main était bavarois; il partait vers l'ouest, dans la direction opposée et avec ses affluents, se jetait dans la Mer du Nord.

Les deux grands fleuves de Bavière aux chemins si différents sont réunis depuis 1992 par un canal riche en écluses et long de 173 km: le canal du Rhin-Main-Danube. Il s'étendra de Bamberg (240 m au-dessus du niveau de la mer) à Kelheim (343 m) et franchira près de Berching- Beilngries, à une hauteur de 406 m, l'obstacle de taille qu'est le Jura franconien. Juste avant cet endroit, à proximité de la ville d'Hilpoltstein, le canal européen surmontera aussi la ligne de partage des eaux du Danube et du Main.

L'idée de contruire un canal était déjà venue à Charlemagne. Son plan de relier l'Altmühl à la Rezat souabe, c'est-à-dire le Rhin au Danube, échoua rapidement en 793 bien qu'il n'y ait eu qu'une distance de 2000 mètres à aménager. La Fossa Carolina près de Weissenburg rappelle encore aujourd'hui le projet manqué.

Le roi Louis I termina certes la construction de son canal appelé Louis-Danube-Main. Mais alors que des bateaux commençaient à naviguer entre Bamberg et Kelheim, le premier train allemand était inauguré le 7 décembre 1835 sur les 6,5 kilomètres de voie ferrée qui reliaient Nuremberg à Fürth. Quelques décennies plus tard, un réseau ferroviaire dense rendait le canal non rentable et inutile.

La vallée de l'Altmühl que traversera le nouveau canal, offre quelques-uns des plus beaux paysages de Bavière et est une des plus anciennes régions colonisées.

On ignore quand les premiers hommes arrivèrent en Bavière. On sait cependant qu'ils étaient des chasseurs nomades qui à l'ère paléolithique, (il y a peut-être deux cent mille ans, peut-être aussi des dizaines de milliers d'années plus tard) parcouraient les forêts et les prairies. Des traces de leur existence datant de 80 à 100000 années ont été retrouvées sur le Speckberg, une colline près du village de Nassenfels situé au nord-ouest de Neuburg an der Donau. Les quelque 30000 coups-depoings en pierre qu'on découvrit sur une petite surface, indiquent que les hommes paléolithiques devaient tailler leurs armes de chasse en cet endroit.

Peu de temps après la seconde guerre mondiale, un autre objet préhistorique fut trouvé dans des grottes au milieu des vignobles de Mauern, village voisin de Nassenfels. La statue de femme grande de sept centimètres est plus récente que le dépot d'armes. Elle a sans doute été fabriquée en tant qu'objet de culte il y a trente mille ans. Bien que la statuette de calcaire soit difficilement identifiable comme forme féminine (peut-être represente-t-elle un corps hermaphrodite), elle a été surnommée la «Rouge de Mauern». Aujourd'hui, la plus ancienne représentation humaine de Bavière et peut-être même d'Allemagne, est une pièce précieuse de la collection préhistorique de l'Etat de Bavière.

Nassenfels et Mauern sont situés assez loin du cours supérieur de la rivière Altmühl. Par contre, les plus anciens habitants de Neuessing vivaient à proximité du cours d'eau. Dans des grottes, on a retrouvé de nombreux témoignages de leur présence vieille d'au moins dix mille ans. La dernière époque glaciaire n'était pas encore achevée et les glaciers s'étendaient des Alpes jusque dans les environs de Munich. Parmi les découvertes les plus intéressantes: une «baguette magique» ornée de petits animaux sculptés dans le bois. Le bâton taillé dans une ramure de cervidé devait sans doute servir à des rites de chasse magiques.

Le climat s'adoucit, les glaciers fondirent et les hommes allèrent s'installer sur de vastes espaces ouverts. Dans la vallée du Danube, au sud-ouest d'Ingolstadt, on décela les traces d'une petite hutte bâtie sans doute par un homme vivant de la pêche, de la chasse ou de la cueillette. Naturellement, ce que les archéologues découvrirent de la plus ancienne demeure préhistorique de Bavière n'était que quelques taches sur le sol.

Bien plus importantes sont les découvertes faites en aval du Danube, dans la région entre Ratisbonne et Straubing. La rive droite du Danube qui est encore aujourd'hui le grenier à blé de la Bavière, était déjà habitée au Néolithique. En aval de l'Isar, entre Plattling et Munich ainsi que dans le Ries et dans la région entre Würzburg et Schweinfurt, on a détecté de nombreuses traces d'habitations datant de quatre ou cinq mille années.

Des hommes vivent donc en Bavière depuis au moins 120 000 ans. Mais qui étaient ces Bavarois de l'âge de pierre? Quelle apparence avaient-ils? D'ou venaient-ils et ou ont-ils disparu? On ne le sait pas.

Les premiers habitants dont on a quelques informations plus précises sont les Celtes. Toutefois, comme ils ne laissèrent pas de témoignages écrits (l'écriture leur était inconnue), les rares connaissances que l'on a sur eux proviennent d'écrivains de l'Antiquité et de découvertes archéologiques.

Quelque 500 ans avant Jesus-Christ, les Celtes qui occupaient déjà de larges parties de l'Europe, arrivèrent en Bavière où ils s'installèrent au sud du Danube et dans quelques endroits de la Franconie. Ce peuple opiniâtre, soucieux de son indépendance et de son individualité, refusait de servir un roi. Il formait sans doute des tribus ou des clans similaires à ceux qui existent encore en Ecosse et qui ont conservé de nombreuses traditions celtes.

Les premières villes de Bavière, appelées «oppida», datent de ce demi-millénaire d'ère celte, les 500 années avant la naissance de Jésus-Christ. Elles s'étendaient dans la région de Rothenburg, au Staffelberg en Haute-Franconie dans le bassin du Ries, dans l'Allgäu et au-dessus de la ville de Kelheim. La plus grande et la plus importante de ces agglomérations se trouvait toutefois dans la vallée du Danube, à l'emplacement de Manching, localité au sud d'Ingolstadt. C'était une cité d'environ 10000 habitants. Elle était entourée de murs de trois à quatre mètres de hauteur et de sept kilomètres de longueur dont la construction avait nécessité 420000 m^3 de pierre et de terre.

A l'intérieur de l'enceinte de cette ville dont le nom celte est resté ignoré, on travaillait le fer, on frappait des pièces d'or, on fabriquait des récipients en céramique et des bracelets de verre coloré. Outre les artisans, des commerçants vivaient dans la cité qui, selon certains historiens, aurait été la plus grande de la protohistoire européenne. En effet, c'était en cet endroit, près d'un passage du Danube, que se croisaient les voies commerçantes importantes qui reliaient le sud, le nord, l'est et l'ouest de l'Europe.

Mais cette agglomération importante disparut un jour. On découvrit seulement son existence quand un aéroport militaire fut créé sur son ancien emplacement. D'après des recherches récentes, le déclin de la ville aurait eu lieu en l'an 50 avant Jésus-Christ. Il est aussi possible que les premiers habitants de Manching connurent la destruction plus tard, en l'an 15 avant le début de l'ère chrétienne. En effet, c'est à cette époque que les légionnaires romains conquérirent la Bavière celte en un seul été.

Durant quelques siècles, le pays entre les Alpes et le Danube fit partie du grand Empire romain. Il était séparé des provinces germaniques du nord par un long mur, le Limes, qui s'étendait sur 120 km en territoire bavarois.

La frontière de pierre d'une longueur totale de plus de cinq cents km commençait près du Rhin dans la région de Remagen. Elle sinuait ensuite vers le sud-ouest jusqu'à Lorch/Schwäbisch Gmünd et prenait la direction de l'est. Son parcours sur le sol bavarois débutait à quelques kilomètres au sud de Dinkelsbühl pour s'achever entre Eining et Weltenburg après avoir longé Gunzenhausen et Weissenburg sur le Danube.

Les Germains, composés surtout des peuples marcomans, narisques et alamans, vivaient au nord du Limes. De l'autre côté, les Romains bâtissaient leurs camps militaires et leurs cités, le plus souvent sur des lieux que les Celtes avaient auparavant habités et qui devinrent plus tard des villes comme Kempten, Ratisbonne, Straubing et Passau. Toutefois, la capitale de la Bavière romaine, Augsbourg, n'a pas d'origine celte. Elle fut fondée par Auguste 13 ans avant Jésus Christ. Des légionnaires venus de tous les coins de l'Empire, de Syrie, d'Espagne, du Bas-Rhin, du Portugal et de Rome, stationnaient dans cette «zone d'occupation romaine». Nombre d'entre eux s'unirent à des jeunes filles celtes durant leurs séjours, laissant ainsi à la Bavière une postérité déjà mélangée.

Après le départ peu glorieux des Romains – les dernières légions étaient officiellement rappelées dans leur pays en l'an 488 –, les Germains traversèrent le Limes et vinrent s'ajouter aux populations déjà présentes pour former un unique peuple qui prit le nom de Bavarois.

Depuis le grand assaut des Alamans en 233, la frontière fortifiée était sans cesse percée et elle fut finalement abandonnée par les Romains. Pourtant, jusqu'à nos jours, elle est restée une ligne de démarcation invisible entre le sud et le nord de l'Allemagne. Wilhelm Hausenstein écrivait encore au 20e siecle: «... la ligne du Limes (et non le Main) est notre destinée, la ligne qui explique notre dualité». En language courant bavarois, la «Prusse» commence à l'ancienne frontière romaine de la Bavière. Lorsqu'on conduit du nord de la République fédérale vers le sud, le point déterminant se trouve juste avant la sortie de Denkendorf: c'est là que l'autoroute Nuremberg-Munich traverse la ligne du Limes.

La Prusse des Bavarois n'est pas celle du grand roi Frédéric ou de sa sœur Wilhelmine. Aucun géomètre n'a jamais mesuré cette Prusse-là, elle ne figure sur aucune carte de géographie. Elle est un pays imaginaire sur la carte de l'âme des Bavarois. Et jusqu'où ils étendent ses frontières dévoile l'anecdote du Japonais grincheux, qui, au marché de victuailles de Munich, exaspéra tant une marchande, que celle-ci, après avoir jauché son client avec colère et mépris, lui débita la pire injure qu'elle pouvait lui adresser: «Toi, espèce de Prussien! Toi, Japonais!»

Des tours de guet et des places fortifiées romaines fermaient la frontière vers le nord. Mais au sud, les voies étaient ouvertes au commerce et aux influences. De l'Italie, les hommes bavarois apprirent un style de vie plus raffiné et l'art de construire des maisons en pierre (une technique qui se perdit de nouveau après le départ des Romains). Les légionnaires romains leur apportèrent aussi une nouvelle croyance qu'ils durent d'abord pratiquer en secret car elle était interdite: le Christianisme.

La première Chrétienne apparaît dans une légende. Elle était jeune, s'appelait Afra et dirigeait une maison de prostitution dans Augusta Vindelicorum qui est aujourd'hui la ville d'Augsbourg. Un jour, un homme venu d'Espagne se réfugia dans sa maison. C'était un évêque poursuivi pour sa foi. Il convertit Afra, (en réalité une fille de roi chassée de Chypre) ainsi que les trois femmes qui travaillaient pour elle. Les premières Chrétiennes firent le sacrifice de leur vie pour Jésus. En l'an 304, elles furent brûlées vivantes sur une île du Lech.

La nouvelle croyance ne put pourtant plus être chassée, même si de nombreuses années s'écoulèrent avant que la Bavière ne devienne une région vraiment chrétienne. Les Romains étaient alors partis depuis longtemps et des ducs de la lignée des Agilolfinger régnaient sur le pays.

Des prêcheurs étaient venus de l'ouest, de la Gaule et de l'Irlande pour prédire la doctrine chrétienne aux Bavarois: Emmeram vers 670/680 à Ratisbonne, Rupert à Salzburg, Korbinian à Freising, Willibald à Eichstätt et Kilian à Würzburg.

La tâche de convertir les Bavarois fut ardue et remplie de dangers. Deux des missionnaires, Emmeram et Kilian, durent même payer de leur vie. Mais après avoir finalement accepté la nouvelle croyance, les Bavarois devinrent des hommes pieux et fidèles sans toutefois s'enfoncer dans le sectarisme. Le paysan bavarois regardait vers le ciel, y envoyait ses prières (et aussi à l'occasion ses jurons blasphématoires quand il se mettait en colère), mais il gardait les deux pieds bien plantés sur terre.

De nombreuses églises furent bâties à la gloire de Dieu. Cependant, il fallait aussi qu'elles plaisent aux habitants et contribuent à leur propre honneur. Les Bavarois commencèrent donc à apprendre l'art de construire des édifices religieux. Les premiers étaient de simples bâtiments en bois. Plus tard, d'admirables monuments en pierre furent édifiés dans le style roman. Des exemples célèbres datant des 12e et 13e siècles, sont les églises d'Urschalling pres du lac de Chiemsee (avec sa fresque d'Adam et Eve) et d'Altenstadt près de Schongau, celles d'Ilmmünster, de Petersberg près de Dachau, de Prüfening-Regensburg, de Perschen près de Nabburg et de Biburg. Outre ces témoignages de l'ancienne Bavière, des églises romanes ont également été conservées dans les parties franconiennes et souabes de la province, entre autres à Ebrach, à Heidenheim, à Obermerzbach et à Wittislingen.

A cette époque, l'Eglise était déjà bien organisée en Bavière. En l'an 739, Boniface avait fixé les frontières des évêchés qui ne changèrent presque pas pendant plus de mille ans. Vers 741, l'évêché d'Eichstätt vint s'ajouter à ceux de Passau, de Freising, de Ratisbonne et de Salzburg. Durant cette période, Boniface fonda également l'évêché de Würzburg. Les deux territoires épiscopaux Eichstätt et Würzburg durent plus tard céder une partie de leurs terres à l'empereur Henri II qui les annexa à l'évêché nouvellement créé de Bamberg.

La liste des évêques d'Augsbourg commence à cette épogue avec le nom d'un certain Wikterb. Mais il est probable qu'elle remonte à bien plus loin car l'évêché d'Augsbourg date du 4e siècle, époque à laquelle les Romains occupaient encore la région.

L'histoire des premiers évêques et ducs est surtout racontée par des légendes. Pourtant, le troisième évêque de Freising – il s'appelait Arbeo et exerça son autorité spirituelle de 764 à 783 – consigna dans des écrits en langue latine les vies de Saint Korbinian et de Saint Emmeram. Dans son ouvrage sur Emmeram, Arbeo, le premier écrivain connu de Bavière, livre la plus ancienne description de la Bavière: La région se présenta ainsi à Emmeram: «elle était très bonne et fertile, riche en forêts et en vignobles. Elle possédait du fer, de l'or, de l'argent et du pourpre en abondance. Ses hommes étaient hauts et larges de stature, avec un amour du prochain et des mœurs bien enracinés. La terre était féconde et donnait de riches récoltes. On voyait partout des troupeaux et des bêtes de trait de toutes sortes. Il y avait une profusion de miel et d'abeilles, et les poissons pullulaient dans les rivières et dans les lacs... Sa capitale était Ratisbonne (Regensburg), une cité imprenable bâtie en pierre de taille équarrie avec de hautes tours et des fontaines richement décorées... »

Depuis la moitié du 6e siècle, les Agilolfinger, la plus ancienne dynastie bavaroise, résidaient à Ratisbonne, ville fortifiée construite sur les vestiges d'une ancienne garnison romaine. Un duc Garibald est le premier de la lignée. Il est suivi d'un Tassilo à qui succède un deuxième Garibald et puis un Theodo, un second Theodo et ensuite un Theudebert.

Les historiens n'eurent vraiment pas la tâche facile pour établir l'ordre chronologique des Agilolfinger. On sait toutefois que deux souverains jouèrent un rôle important vers la fin du règne de la dynastie qui dura près de deux cents ans: Odilo (736-748), fondateur d'un cloître et le duc Tassilo III (748-788) dont le nom occupe une place significante dans la chronique historique. Ce dernier Agilolfing, fondateur des cloîtres Schlehdorf, Innichen et Kremsmünster, fut détrôné par l'empereur Charlemagne, et dans des circonstances avilissantes, banni dans un cloître où l'on perd sa trace. Le premier grand chapitre de l'histoire de Bavière prit fin à cette époque. Et pour la première fois depuis sa création, la Bavière perdait sa relative indépendance.

Les Carolingiens, anxieux d'étendre et d'assurer leur pouvoir, avaient évincé les Agilolfinger. Quelques générations plus tard, ils étaient écartés à leur tour. D'autres familles suivirent: les Luitpoldinger, les Sachsen, les Lützelburger, les Salier, un membre de la lignée des Zütphen, un autre de la lignée des von Ostheim et en 1070, les Welfen qui régnèrent jusqu'au «grand changement». En effet, Le 16 septembre 1180, un événement primordial se déroula dans la ville saxonne-thuringienne d'Altenburg. En ce jour, Frédéric Barberousse conféra le duché de Bavière au comte Othon de Wittelsbach. Une famille qui ne semblait pas appelée aux plus grands honneurs (il y en avait de plus riches et de plus influentes dans le duché), se voyait octroyer une chance immense qu'elle utilisa avec beaucoup d'habileté et parfois sans aucun scrupule. Cette dynastie régna plus longtemps que n'importe quelle autre maison royale européenne. Elle occupa un trône durant 738 années, 1 mois et 22 jours.

Entre le premier duc Othon I et le dernier roi Louis III, des souverains de toutes espèces montèrent sur le trône: des héros et des canailles, des avares et des prodigues dissipateurs. Citons parmi eux: Louis I, deuxième duc de Wittelsbach, assassiné par un inconnu en 1231 sur un pont du Danube dans la ville de Kelheim. Il consolida la souveraineté de sa famille et par un mariage avec la duchesse veuve Ludmilla von Bogen, obtint l'emblème du losange pour sa lignée et pour les armoiries de Bavière.

Un de ses petits-fils, le duc Louis II, fut le premier Wittelsbach à choisir Munich comme ville de résidence. Son caractère violent lui valut le surnom de Louis l'Autoritaire. En 1256, aveuglé par la jalousie, il poignarda sa jeune femme qui n'avait rien à se reprocher. Une année auparavant, son frère et lui avaient été les premiers de la famille à se partager le pays. C'est ainsi que furent créées la Basse-Bavière et la Haute-Bavière.

Un Bas-Bavarois né à Landshut, Othon III, fils du duc Henri, monta sur le trône de Hongrie avec le titre de roi Bela V. Mais après une courte période de regne blâmable chez les Magyars, il dut retourner chez lui et reprit le nom d'Othon III.

Le cousin d'Othon, le munichois Louis, eut plus de chance, (même s'il fut chassé à coups de pierre de la ville sainte après le couronnement impérial à Rome en l'an 1328). Il fut quand même roi et empereur du Saint Empire romain germanique. Comme c'était de coutume à l'époque, Louis dut défendre ses droits contre d'autres prétendants au trône. L'affrontement le plus important eut lieu en 1322 près de Mühldorf et d'Ampfing. Cette derniere bataille des chevaliers sur le sol allemand valut la célébrité à Louis et laissa à la postérité une anecdote racontée par un de ses compagnons d'armes: après le combat, alors que Frédéric le Bel, roi d'Autriche, avait été fait prisonnier, Wittelsbach s'assit avec ses chevaliers pour partager un maigre repas et voulut rendre un hommage particulier à l'un des plus courageux d'entre eux: «un oeuf par homme, mais deux au vaillant Schweppermann!».

A sa mort en 1347, Louis laissait six fils et des territoires immenses aux Bavarois. Mais les possessions diminuèrent au fur et à mesure que les héritiers mouraient et il ne resta bientôt plus que la Bavière initiale. Plus intéressants que les enfants et les petits-enfants de cet empereur, sont les membres de la troisième génération: Elisabeth, la fille du duc de Bavière-Ingolstadt, épousa le roi dément français Charles VI. La belle Isabeau de Bavière ne trouva jamais grâce auprès des chroniqueurs et des poètes comme en témoigne »La pucelle d'Orléans« de Friedrich von Schiller. Un des bruits que l'on répandit sur elle racontait que la Pucelle d'Orléans était en realité sa fille illégitime.

Une cousine d'Isabeau, Elisabeth, native de Landshut, épousa le burgrave de Nuremberg. C'est de la «belle Els», ainsi qu'elle avait été surnommée, que descend la lignée des Hohenzollern.

Le duc Ernest de Bavière-Munich était contemporain et cousin des deux dames de Wittelsbach. Une action cruelle a rendu son nom inoubliable dans l'histoire de la Bavière. En octobre 1435, il ordonna la mort par noyade d'Agnès Bernauer que son fils le duc Albrecht avait épousé en secret. La pauvre femme fut précipitée dans le Danube près de Straubing. Le duc repentant tenta plus tard d'expier sa faute en faisant construire une chapelle à la mémoire de la morte. Le monument funéraire se dresse encore aujourd'hui dans le cimetière Saint-Pierre de Straubing.

Quelques décennies après le meurtre de Straubing (qu'un festival organisé par les habitants de la ville commémore tous les quatre ans), un grand mariage eut lieu à Landshut: en novembre 1475, le duc George épousait la fille du roi de Pologne, appelée princesse Jadwiga ou Hedwige. Les ducs de Basse-Bavière qui possédaient les régions les plus fertiles du pays, avaient amassé de belles fortunes. Trois d'entre eux ajoutèrent à leur nom le surnom fier et mérité du «Riche».

Commes les caisses étaient pleines, le jeune duc George eut droit à des noces somptueuses dont on parla partout avec émerveillement (et qui sont recréées tous les quatre ans au cours de la plus grande fête historique allemande). Les célébrations durèrent une semaine entière au cours de laquelle ceux qui résidaient ou étaient de passage à Landshut furent les invités du duc. 146 cuisiniers préparèrent ou utilisèrent 232 bœufs, 285 porcs, 684 cochons de lait, 1537 agneaux, 490 veaux, 194 345 œufs, 110 quintaux de saindoux,6 tonnes de harengs,140 livres de raisins secs, etc. Le coût des noces ducales s'éleva à 25 millions de marks de notre monnaie actuelle...

Une union malheureuse suivit le mariage fastueux. La jeune épousée de l'année 1475, fut reléguée par son mari au château de Burghausen. La période de règne des riches ducs approchait toutefois de sa fin. Comme le duc George n'avait pas d'héritier mâle, la lignée munichoise annonça bientôt ses exigences et le destin du pays fut scellé dans une guerre de succession au cours de laquelle Götz von Berlichingen perdit la main droite. La Basse-Bavière échut à la Haute-Bavière. Les deux parties du pays étaient de nouveau réunies et le sont restées jusqu'à nos jours.

Munich devint la capitale de la Bavière. Les Wittelsbacher n'épargnèrent pas quand ils voulurent embellir leur résidence ou leur cité. En 1529, Guillaume IV commanda le tableau «La bataille d'Alexandre» au peintre Albrecht Altdorfer, veilla à ce que le luthérisme ne s'implante pas dans son pays et fit des dettes. Son successeur Albrecht V collectionna de l'art, posa la base de ce qui devint plus tard la bibliothèque d'Etat nationale de Bavière (la plus grande bibliothèque de la République fedérale), construisit le premier musée au nord des Alpes et fit aussi des dettes. Guillaume V était pieux. Pour les Jésuites, il fit bâtir l'église Sankt-Michael dans le style de la Renaissance ainsi qu'un grand cloître au milieu de la ville. Mais malgré sa frugalité personnelle, il fit lui aussi des dettes si énormes qu'il ne vit pas d'autre issue que d'abandonner le trône à son fils Maximilien. Celui-ci, premier électeur de Bavière depuis 1623, sortit le pays de sa profonde crise financière, eut encore assez d'argent pour agrandir et embellir la résidence munichoise et apporta également une contribution principale à la Ligue catholique durant la guerre de Trente ans.

Un fils insignifiant lui succèda en 1651. Ferdinand-Marie épousa cependant la jeune princesse Adelaïde de Savoie qui, bien que détestant son pays d'adoption, allait par ses activités, apporter une influence longue et durable à la Bavière. A partir de 1663, elle fit ériger l'église des Théatins dont les architectes italiens et français allaient introduire le style barogue dans la région. Et en 1664, commençait pour elle la construction du château de Nymphenburg (château des Nymphes) qu'elle dédia à la nymphe Flore.

Les Bavarois avaient bâti dans le style roman et dans le style gothique. De très beaux exemples de cette dernière période sont l'église Sankt-Martin de Landshut avec la plus haute tour de briques du monde, la Frauenkirche ou église Notre-Dame de Munich et les églises d'Amberg et de Dinkelsbühl. Mais dans le baroque, ils trouvèrent un style qui s'accordait avec leur caractère et avec lequel ils allaient entièrement s'identifier.

La guerre de Trente Ans n'était terminée que depuis une quinzaine d'années quand furent entrepris des travaux de reconstruction et de restauration d'une ampleur qu'on n'avait jamais connue auparavant. Le nouveau style s'imposa surtout en Franconie et en Bavière. D'anciennes églises gothiques furent restaurées dans le style baroque. On bâtit également de nouveaux édifices religieux et de nombreux châteaux.

Ce siècle de baroque et de rococo transforma la physionomie de la Bavière. D'autres marques visibles du nouveau style et du nouvel esprit de ce temps furent les multiples clochers bulbeux qui se dressèrent partout dans le ciel bavarois. Cette architecture étrange fut peut-être inspirée par des mouvements de Byzance arrivés via Venise, mais les artistes en Bavière apportèrent tant de fantaisie et de variations à leurs œuvres que plus personne ne s'intéressa à la vraie origine de ce style.

La guerre de Trente ans avait dévasté le pays. L'art en Bavière atteignit son zénith au cours du siècle qui suivit. Le baroque et le rococo bavarois, ce sont les anges joufflus, les peintures éclatantes des plafonds, les riches sculptures dorées; c'est la musique du Souabe Christophe Willibald, chevalier de Gluck (qui en fait connut ses plus grands succès à Paris et à Vienne); ce sont les nombreux artistes dont la renommée a franchi les frontières de la Bavière: Cosmas Damian, Egid Quirin Asam, Dominikus Zimmermann, Johann Michael Fischer, Balthasar Neumann, les Dientzenhofer, le porcelainier Franz Anton Bustelli, la centaine de stucateurs de la ville de Wessobrun, le français François de Cuvilliés et Ignaz Günther.

Le nouveau style était venu d'Italie, mais les Bavarois l'adoptèrent avec tant de savoir et d'enthousiasme que le baroque bavarois et plus tard sa forme raffinée appelée rococo, s'identifia et appartint entièrement à la région. On put parler d'une «Bavière baroque».

Les multiples descriptions des Bavarois qui remplissent un nombre incroyable d'anthologies, ne s'appliquent qu'aux habitants des régions entre les Alpes et le Danube. Oubliés sont les Franconiens et les Souabes qui forment la moitié de la population du pays et dont la galeries des ancêtres renferment des noms prestigieux tels Albrecht Dürer, Veit Stoss, Holbein père et fils, Elias Holl, Martin Behaim, Peter Henlein, Hans Sachs, Albertus Magnus et Leonhard Frank pour n'en citer que quelques-uns.

Bien que très mouvementée au cours des siècles, l'histoire de la Bavière a toujours offert une vue d'ensemble car c'était celle d'un pays aux structures concises et elle est donc parfaitement connue. Par contre, les événements qui touchèrent les Franconiens et les Souabes ne trouvèrent jamais qu'une place minime dans les chroniques. Les nombreux territoires modestes aux moyens limités, ne pouvaient que rarement intervenir dans le cours de l'histoire. Pourtant, plusieurs faits et personnes sont dignes d'être considérés dans les annales historiques.

Il y eut par exemple le soulèvement des paysans de l'Allgäu et de la Franconie qui se rebellèrent contre leurs maîtres en 1525 et subirent de dures représailles après leur défaite. Les paysans du duché de Bavière s'étaient tenus cois durant cette jacquerie allemande. L'oppression chez eux n'était pas aussi forte.

Le prince-évêque de Würzburg, Julius Echter von Mespelbrunn, devrait aussi être cité. C'est lui qui fonda la Ligue catholique avec le duc bavarois devenu plus tard le prince-électeur Maximilien.

Un des successeurs du grand contre-réformateur Julius mort en 1617, fut Jean-Philippe de Schönborn, le premier des trois de ce nom à monter sur le trône épiscopal de Würzburg. Parmi les mérites qui reviennent au prince-évêque durant son regne de trente années jusqu'en 1673, est celui d'avoir aboli les procès de sorcelleries. Le second Schönborn ne régna que quelgues années dans la capitale de la Franconie, mais c'est durant son époque que commença en 1720, la construction de la résidence de Würzburg qui fut poursuivie sous le règne de Frédéric-Charles de Schönborn (1729-1746). Le baroque franconien atteignit son apogée sous ces trois membres d'une famille autrefois très puissante. Un autre Schönborn, Lothar-François, princeévêque de Mayence et évêque de Bamberg, fit bâtir à partir de 1711, le château de Pommersfelden, œuvre de l'architecte Johann Dientzenhofer.

L'histoire de la Bavière est celle d'une mosaïque de nombreux Etats autrefois autonomes. Toutefois, les villes d'Empire, les comtés et les principautés des électeurs ou des princesévêques eurent une histoire commune dès le début du 19e siècle. Elle débuta avec le roi Maximilien I Joseph, un Palatin débonnaire doté d'une nature paysanne. En 1825, lui succéda le génial Louis I, grand bâtisseur et collectionneur d'art qui voulait faire de Munich une ville sans pareille. Personne ne devait dire qu'il connaissait l'Allemagne s'il n'avait pas vu Munich, tel était le but de sa vie. Il dut abdiquer en 1848 après une révolte populaire occasionnée par son amour pour la danseuse Lola Montez dont le nom espagnol cache des origines irlandaises. Son fils Maximilien II monta sur le trône. Il fut un monarque féru d'idées sociales qui en réalité aurait préféré devenir professeur d'histoire.

A la mort soudaine de Maximilien II en 1864, la couronne revint à son fils de dix-huit ans. Louis II n'était pas préparé pour le métier de roi. Il régna d'une façon très inconventionnelle et évita de plus en plus le contact avec ses sujets pour s'enfermer dans la solitude. Cependant, ce Wittelsbach romanesque, mesurant 1,90 mètre, est resté le monarque le plus populaire de Bavière et est encore aimé plus de cent ans après sa mort. Des «sociétés du Roi Louis» cultivent son culte et son souvenir.

Les trois châteaux Linderhof, Neuschwanstein et Herrenchiemsee qu'il fit ériger dans des endroits isolés, sont les monuments de sa gloire posthume. Les édifices somptueux coûtèrent quelque trente millions de marks, une fois et demie plus d'argent que la Bavière n'avait été obligée de donner en réparation à la Prusse après la guerre perdue de 1866. La construction des châteaux jeta tant le désordre dans les finances royales que le premier ministre, craignant de perdre son poste, décida d'écarter Louis II du trône. Quelques jours plus tard, le 13 juin 1886, le cadavre du jeune monarque était retrouvé dans le lac de Starnberg. Les causes exactes de sa mort n'ont jamais été vraiment éclaircies jusqu'à nos jours.

Son oncle, le prince Luitpold, âgé de 65 ans, exerça alors la régence de la Bavière. Il eut d'abord des difficultés à gagner l'affection des citoyens car on croyait qu'il était impliqué dans le drame royal. Pourtant, grâce à son attachement pour le peuple et à son affabilité, il réussit finalement à devenir un des souverains les plus aimés de Bavière et sa période de régence incarna l'idée »du bon vieux temps». Il mourut le 12.12.1912, deux ans à peine avant que le première guerre mondiale n'éclate.

La guerre fut perdue. Le 7 novembre 1918, le premier signal de la révolution en Allemagne était donné à Munich. Kurt Eisner, ancien Berlinois, renversait la monarchie vieille de près de 1300 années dans une révolution non-sanglante et la République était proclamée sous son égide. Quelques mois plus tard, un jeune officier fanatique d'extrême-droite assassinait Eisner, devenu Premier ministre, alors qu'il se rendait au Parlement pour y déposer son offre de démission. La dictature du prolétariat fut établie et le règne de la terreur rouge dura jusqu'en avril 1919. Peu de temps après, la terreur de la gauche allait être remplacée par une terreur bien plus sanglante de la droite . . . C'est en ces temps agités, alors que la population effrayée aspirait à l'ordre et à la paix, que commença dans les brasseries de Munich l'ascension d'un homme appelé Adolf Hitler qui, le poing brandi et hurlant d'une voix de fausset, promettait à tous l'ordre et la paix.

La tragédie qui débuta à Munich pour s'étendre finalement sur l'Allemagne entière, s'acheva avec des millions de morts et avec la destruction et le partage du Reich. En 1945, 45% de Munich, 49,3% de Schweinfurt, 65% de Nuremberg et 85% de Würzburg n'étaient plus que décombres.

La dernière phase de la guerre commença fin mars 1945 quend la 7e armée américaine franchit la frontière de la Bavière à Aschaffenburg et, conjointement avec la 3e armée, conquit l'ensemble de la région durant les semaines suivantes. Würzburg tombait le 6 avril, Nuremberg le 20 avril. Dix jours plus tard, les troupes alliées entraient dans Munich et Landshut après avoir délivré la veille les survivants du camp de concentration Dachau. Le 1er mai, les Américains atteignaient la frontière autrichienne près de Simbach am Inn.

A l'instar du reste du monde, la Bavière a connu plus de changements au cours de cette dernière décennie que durant tout le siècle dernier. L'ancienne province rurale est devenue un des grands centres scientifiques d'Europe. Entre autres, elle renferme plus d'une douzaine d'instituts de la société Max-Planck pour la promotion des sciences, un grand centre de recherche technique aérospatiale et les instituts de recherche de la firme Siemens.

Outre la technologie de pointe, la région possède aussi des industries traditionnelles au long passé telles celles de la bière et de la mouture des grains. A Munich, dont la bière est connue dans le monde entier, un brasseur était déjà cité dans un document de 1280.

Une des grandes tâches des temps présents est de conserver les traditions tout en les harmonisant avec le progrès. L'image des antennes de la station de télécommunications par satellite de Raisting près d'Ammersee, s'élevant à côté d'une petite église baroque, est un symbole de notre époque.

Mais le passé et le présent ne présentent pas toujours un équilibre stable. La Bavière subit aussi les dangers que représentent les déchets de l'industrie et de la technique modernes. En 1970, l'Etat libre a certes créé le premier ministère de l'environnement en Europe; en 1973, il a édicté une propre loi pour la protection de la nature et en 1976, était fondée l'Académie pour la protection et la conservation de la nature. Mais pourtant, il n'est pas non plus épargné par la pollution de l'air et de l'eau et par la mort des forêts. Ses sites naturels ou façonnés par la main de l'homme sont aussi menacés.

Notre voyage photographique à travers les sept départements de la Bavière, nous a fait parcourir une région aimée de ses habitants et explorée avec bonheur par ses visiteurs. Les images de l'ouvrage présentent les diverses facettes d'un monde coloré et intact. Elles montrent un monde qui pourrait un jour ne plus exister s'il n'est pas protégé à temps. Et il mérite d'être sauvé...

In einem Waldtal des Spessarts liegt, als hatte ein Dichter der Romantik es geträumt, das Wasserschloß Mespelbrunn. Der in seinen Diensten stehenden Familie Echter schenkte der Kurerzbischof von Mainz 1412 „die Wüstung und Hofstätte genannt der Espelborn". Zuerst, noch im 15. Jahrhundert, entstand ein Rundturm, der Schutz gewährte und dazu dann, im 16. Jahrhundert, das von Wasser und Wäldern umgebene Schloß. Auch wenn bis ins frühe 20. Jahrhundert hinein immer wieder Veränderungen vorgenommen wurden, hat dieses Märchenschloß sein Aussehen doch beibehalten. Das berühmteste Mitglied der Familie Echter von Mespelbrunn, der spätere Würzburger Fürstbischof Julius, wurde hier 1545 geboren. Eine Reise durch den Spessart verlangte einst viel Mut. Man erzählte sich Geschichten von Räubern, wußte Schauriges von Gespenstern zu berichten und manch einer wollte das Märchen vom Wirtshaus im Spessart für wahr halten. Heute sind die Räuber verschwunden und an die Gespenster will niemand mehr glauben. Geblieben aber ist eine romantische Landschaft, die auf einer Autobahn – hier die Haseltal-Brücke – leider viel zu schnell durchquert wird.

In a wooded valley of the Spessart, just as if it had been dreamt up by a Romantic poet, stands the moated castle of Mespelbrunn. In 1412, the Elector-Archbishop of Mainz presented "the deserted settlement and farmstead named Espelborn" to the Esper family, who were in his service. A round tower was erected for defensive purposes in the 15th century; then in the 16th century the castle was built in its setting of woodland and water. Although alterations were made to the fabric up to the early years of our century this fairy-tale castle has retained its original appearance. The most famous member of the Echter family was Julius, Prince-Bishop of Würzburg, who was born here in 1545. It once took great courage to journey through the Spessart forest, as it was reputed to be infested with bandits and haunted by ghosts, with a tavern that was a den of thieves. Though the bandits are long dead and the ghosts are derided, the romantic landscape still remains. Sadly, most traverse it nowadays at high speed on the highway over the Haseltal bridge.

Dans une vallée boisée du Spessart, le château de Mespelbrunn s'élève au milieu d'un étang dans un cadre qu'un poète de l'époque romantique aurait pu imaginer. En 1412, le prince-évêque de Mayence offrit à la famille Echter qui était à son service, le «lieu sauvage, propriété de la cour» appelé Espelborn. Une tour ronde de guet fut d'abord érigée au 15e siècle et le château entouré d'eau et de forêts était construit un siècle plus tard. Malgré d'importantes transformations opérées jusqu'au début du 20e siècle, l'édifice a conservé sa physionomie romantique. C'est ici que naquit en 1545 le membre le plus célèbre de la famille Echter von Mespelbrunn: Julius, prince-évêque de Würzburg. – Autrefois, il fallait être très courageux pour traverser le Spessart. On racontait qu'il était habité par des brigands et des esprits et d'aucuns croyaient fermement à la légende de l'auberge maudite du Spessart. Les voleurs ont disparu et les esprits n'effraient plus personne. Ce qui est reste sont des paysages romantiques comme le pont de Haseltal, que l'on parcourt malheureusement trop vite sur une autoroute.

Vor seiner Wahl zum Mainzer Erzbischof und Kurfürsten mußte Johann Schweikhard von Kronberg versprechen, daß er das zerstörte Schloß zu Aschaffenburg wieder aufbaue. Und der Kirchenfürst hielt Wort. Zwischen 1605 und 1614 ließ er aus rotem Sandstein das mächtige Schloß Johannisburg errichten. Die Vierflügelanlage mit ihren wuchtigen Ecktürmen ist eines der bedeutendsten Bauwerke der Renaissance in Deutschland. Das nach der Kriegszerstörung wiederaufgebaute Schloß beim Main enthält ein Museum mit architektonischen Korkmodellen.

Before being chosen as Archbishop and Elector of Mainz, Johann Schweikhard von Kronberg had to vow to restore the ravaged ruins of Aschaffenburg castle. He kept his word, and between 1605 and 1614 erected this mighty residence of red sandstone, consisting of four wings with a vast tower at each corner. Johannisburg, on the River Main, is one of the most important of all German Renaissance buildings. Destroyed in the last war, it was subsequently rebuilt and now houses a museum containing cork models of antique buildings.

Avant d'être élu archevêque et prince-électeur de Mayence, Johann Schweikhard dut promettre de reconstruire le château détruit d'Aschaffenburg. Il tint parole et fit ériger, entre 1605 et 1614, l'impressionnant château de Johannisburg. L'édifice de grès rouge, quatre ailes flanquées de tours d'angle massives, est un des plus beaux exemples du style Renaissance en Allemagne. Le château fut restauré après avoir été très endommagé durant la seconde guerre mondiale et renferme aujourd'hui un musée avec une collection de maquettes en liège.

Im Mainviereck ganz unten liegt Miltenberg, dessen berühmter Marktplatz mit den vielen recht verschiedenartigen Fachwerkhäusern einen Eindruck vermittelt, wie altfränkische Ortschaften einst ausgesehen haben. Am „Haus zum Riesen" kundet eine Inschrift, daß hier einst hohe Herren abgestiegen sind: „Dieser Bauw stehe in Gotts handt/Zum Rihsen ist er genandt/Fürsten vnd Herren ist er wohl bekandt/Bürger und Bauren steht er zu der Handt". Die so barock wirkenden Türme stammen aus dem Jahre 1829.

In the south of the Main Viereck region stands Miltenberg, whose famous market place gives us a good idea of what old Franconian towns once looked like. The half-timbered houses are of varying design; the 'Baroque' towers date from 1829. The Haus zum Riesen (House of the Giant) bears an inscription stating that nobility once frequented it: roughly translated, "This house stands in God's own hand, it's named The Giant throughout the land, though known to princes and lords so grand, good burghers and peasants are never here banned".

Miltenberg est située sur le Main, au pied des contreforts du Spessart et de l'Odenwald. Sa célèbre place du marche entourée de maisons à colombages est typique des anciennes localités franconiennes. Une inscription sur la façade de la «Haus zum Riesen» témoigne que de hauts personnages y descendaient autrefois: «Cette auberge est dans les mains de Dieu/elle s'appelle au Géant/elle est connue des princes et des seigneurs/et ouvre aussi ses portes aux bourgeois et aux paysans». Les tours qui semblent baroques datent de 1829.

Die Lage der Homburg mag beeindrucken, dennoch hat ihr Name bei Weinkennern einen besseren Klang als bei Burgenforschern, da hier, mit der Lagebezeichnung Kallmuth, einer der besten fränkischen Weine wächst. – Kaum weniger bekannt ist freilich der Leistenwein vom Würzburger Marienberg. Die Burg, zwischen dem 13. und frühen 18. Jahrhundert wehrhafte Residenz der Würzburger Bischöfe hat man immer wieder erweitert und verstärkt – und sie ist dann von den Schweden 1631 doch erobert worden.

The situation of Homburg castle may be imposing, but Homburg enjoys a wider reputation than simply among castle-lovers, for the vineyards here produce the Kallmuth label, one of the finest Franconian wines. – Almost as well-known is the Leistenwein from Marienberg near Würzburg. Marienberg castle provided a well-fortified residence for the Bishops of Würzburg between the 13th and 18th centuries. Although there were many extensions and reinforcements to the fortress over the centuries, it was taken by the Swedish in the year 1631.

La situation de Hombourg est sans doute admirable, mais son nom est plus apprécié des connaisseurs de vins que des amateurs de chanteaux car c'est ici qu'est le berceau d'un des meilleurs vins de Franconie à l'appellation Kallmuth. – A peine moins réputé est le cru Leistenwein de Marienberg près de Würzburg. Le château, résidence des évêques de Würzburg entre les 13e et 18e siècles, a toujours été agrandi et fortifié. Il a pourtant été pris par les Suédois en 1631.

Das kurz vor Kriegsende in einer einzigen Bombennacht zerstörte Würzburg ist wieder aufgebaut. Wie einst zeigen sich die Türme der Bischofsstadt: die gerundete Kuppel des 1710 barockisierten Neumünster (im 10. Jahrhundert an der Stelle errichtet, wo Kilian ermordet wurde), der Rathausturm von 1453 mit dem zugehörigen „Grafeneckart" und die strenge Fassade des 1188 geweihten Domes. – Ein Kaufmann erwarb 1735 das hinter der Marienkapelle stehende „Haus zum Falken" und ließ es üppig mit Stuck versehen.

Würzburg, destroyed in a single night of bombing just before the end of the war, has now been rebuilt. The soaring towers of this Episcopal city have risen anew, the cupola of the 10th century New Minster (built on the spot where the Irish monk St Kilian was murdered, renovated in Baroque style in 1710), the Town Hall tower crowning the Graf-Eckards-Bau and the austere front of the Cathedral, consecrated in 1188. "Haus zum Falken", (Falcon House) was acquired by a merchant in 1735 and embellished with this Rococo facade.

Würzburg, détruite en une seule nuit de bombardements juste avant la fin de la dernière guerre, est aujourd'hui entièrement restaurée. Les tours de l'ancien évêché s'élèvent comme autrefois dans le ciel: la coupole de la Neumünsterkirche, église remaniée dans le style baroque en 1710 et érigée au 10e siècle sur le lieu d'assassinat de Kilian; la tour de l'hôtel de ville de 1453 et la façade austère du dôme consacré en 1188. – En 1735, un commerçant acheta la «Haus zum Falken», située derrière la Marienkapelle et la fit décorer de stucs.

Die Fürstbischöfe hatten jahrhundertelang oben auf der Burg gewohnt. Als Johann Philipp Franz von Schonborn in das hohe Amt gewählt war, entschied er schnell über den Bau einer neuen Residenz unten in der Stadt. Er engagierte dafür 1720 den 33jährigen Balthasar Neumann – in den folgenden Jahrzehnten entstand im Schatten der alten Bastei eine der grandiosesten Residenzen Europas. In dem dazugehörigen, dem Bau angemessenen Park finden während der seit 1922 abgehaltenen Mozartwochen abendliche Konzerte statt. – Die Hofkirche gilt als einer der kühnsten Entwürfe Neumanns.

For centuries the Prince-Bishops of Würzburg occupied this castle high above the Main. When Johann Philipp von Schonborn took office however, he soon decided to establish a new residence in the city below. In 1720 he engaged the architect Balthasar Neumann, then 33, and in the shadow of the old fortress arose one of Europe's most splendid palaces. In the palace and its surrounding park which was laid out in keeping with the general design, concerts have taken place since 1922, as part of the annual June Mozartfestival. – The Hofkirche is one of Neumann's oldest designs.

Durant des siècles, les princes-évêques vécurent dans une forteresse dominant la ville. Quand Franz von Schonborn fut élu à la haute fonction, il chargea Balthasar Neumann alors âgé de 33 ans de bâtir une résidence dans la cité. A partir de 1720, un des plus beaux châteaux d'Europe allait être érigé au pied de l'ancien fort. Chaque année en juin, durant le festival Mozart créé en 1922, des concerts nocturnes ont lieu dans le parc admirable. – La Hofkirche ou église de la Cour est sans aucun doute une des créations les plus hardies de Neumann.

Der Weinbau hat in Würzburg eine weit zurückreichende Tradition, und weit zurück reicht hier vieles von dem, was mit dem Wein zu tun hat. Das Juliusspital wurde 1576 durch Julius Echter von Mespelbrunn, dem großen Bischof der Gegenreformation gegründet. Die heute bestehenden Bauten stammen aus dem 18. Jahrhundert. Der Weinanbau mit dem imposanten Weinkeller des Juliusspitals wird noch heute zur Freude der Weinkenner betrieben.

In Würzburg, wine-growing is a time-honoured tradition, and thus many local customs and practices connected with wine have their roots in the distant past. The Juliusspital was founded in 1576 by Julius Echter, the leading bishop of the Counter-Reformation. The present buildings date from the 18th century. To the delight of wine-lovers, the vineyards and imposing wine cellars of the Juliusspital are still thriving.

La culture de la vigne et l'industrie viticole étaient déjà pratiquees il y a des siècles à Würzburg. Le Juliusspital fut fondé en 1576 pour les «indigents et les malades» par Julius Echter von Mespelbrunn, célèbre archevêque de la Contre-Réforme. Les bâtiments actuels datent du 18e siècle. L'hôpital possède une imposante cave et des vignes qui sont encore cultivées aujourd'hui, pour le grand plaisir amateurs de bons vins.

Würzburg war schon immer eine Stadt der Türme. Als Kaiser Barbarossa hier Hochzeit hielt mit Beatrice von Burgund, waren rings um den romanischen Dom an die dreißig Kirchen und Klöster zu zählen, und Heinrich von Kleist erlebte die Stadt im engen Tal des Main noch ebenso: „Die Häuser in den Tiefen lagen in dunklen Massen da wie das Gehäuse einer Schnecke, in die Nachtluft ragten die Spitzen der Türme wie die Fühlhörner eines Insekts. Verwirrend ist auch die Vielfalt der Stile innerhalb des alten Festungsgürtels."

Würzburg has always been a city characterized by towers. When Emperor Frederick Barbarossa married Beatrice of Burgundy here in the Middle Ages there were already some 30 churches, convents and monasteries scattered around the Romanesque cathedral. Heinrich von Kleist described the buildings of the town, which lie in the narrow valley of the Main, as looking "like a snail's house while the tips of the tower reached into the night air like the feelers of an insect".

Würburg a toujours éte une ville de tours. On comptait une trentaine d'églises et de cloîtres autour de la cathédrale romane quand l'empereur Barberousse y épousa Béatrice de Bourgogne. Heinrich von Kleist décrivit ainsi la ville: «Les masses des maisons dans la profondeur ressemblaient à des coquilles d'escargots. Les pointes des tours s'élevaient comme des antennes d'insectes.» Tous les styles, le roman, le gothique et le baroque se côtoient à l'intérieur des anciens remparts de la ville.

Über die Mainbrücke führt der Weg in die Altstadt von Kitzingen, deren Silhouette vom Turm der dreischiffigen Hallenkirche St. Johannes aus dem 15. Jh. mitgeprägt wird. Sehenswert sind das Sakramentshäuschen und das Chorgestühl, ebenfalls 15. Jh. Der Marktplatz besticht durch den stattlichen Renaissancebau des Rathauses. Wahrzeichen der Stadt am Main jedoch ist der Falterturm, Relikt der Stadtumwehrung, mit seiner schiefen Haube. Kitzingens weithin bekannter „Schiefer Turm" beherbergt das Deutsche Fastnachtsmuseum.

The road over the Main leads to the old quarter of Kitzingen, where a main feature of the skyline is the tower of the 15th Century church of St Johannes. The interior is of interest for the tabernacle and 15th century choirstalls. Kitzingen's market-place is dominated by the stately Renaissance town hall. The chief landmark of the town is, the lopsided Falter Tower, a relic of the old town walls. This well-known "leaning tower" houses the German Carnival museum which documents carnival customs of past and present.

Le pont du Main conduit au quartier de la vieille-ville de Kitzingen que domine la tour de l'église Saint-Jean, édifiée au 15e siècle. L'édifice à trois nefs abrite un tabernacle et des stalles splendides, également du 15e siècle. L'hôtel de ville majestueux de style Renaissance apporte de l'éclat à la place du Marché. Mais le symbole de la ville sur la rive droite du Main est le Falterturm, une tour avec un toit penché qui est un vestige des anciennes fortifications.

Auf dem Kirchberg bei Volkach gelegen, über dem Main inmitten der Rebhänge, liegt die kleine Wallfahrtskirche „Maria in den Weingärten", deren Anfänge bis ins 15. Jh. zurückreichen. Neben dem Gnadenbild der „Pietà" und der „Anna Selbdritt", Holzbildwerke aus dem 14. und 16. Jh., ist es „Maria im Rosenkranz", die erlesene Schnitzarbeit Tilman Riemenschneiders (1521-1524), die den Innenraum schwebend beherrscht und zu einer der schönsten Kulturkostbarkeiten Mainfrankens zählt. Der Weg zur Wallfahrtskirche hangauf ist von alten Kreuzwegstationen gesäumt.

"The Virgin of the Vineyards" is a 15th century pilgrimage chapel near Volkach. It stands on a hill among vineyards and contains fine wooden carvings: a 14th century Pieta, a 16th century representation of Anna Mary and Jesus and the exquisite "Maria im Rosenkranz" (1521-24) which hangs in front of the chancel. This superb work by the great German sculptor Tilman Riemenschneider is one of the greatest treasures of the region. The way up to the pilgrimage church is marked by the Stations of the Cross.

La petite église de pèlerinage, «Sainte-Marie des Vignes», s'élève au milieu des vignobles. L'édifice érigé au début du 15e siècle, renferme deux beaux panneaux des 14e et 16e siècles, une Pietà et une représentation de «Anna Selbdritt». Son intérieur est toutefois dominé par un admirable ouvrage sculpté de Tilman Riemenschneider (1521-1524), intitulé «Marie au Rosaire», qui compte parmi les plus beaux biens culturels de la région du Main-Franconie. La route grimpant vers l'église de pèlerinage est bordée de petites chapelles représentant les stations du chemin de la Croix.

hristen bitte für uns

◁◁ 56/57 Blick von Kloster Banz zur Wallfahrtskirche Vierzehnheiligen – Innenaufnahme mit Gnadenaltar

Dem Bamberger Bischof wurden einige Plane vorgelegt, da sie ihm aber nicht gefielen, wurde Balthasar Neumann beauftragt, sie in einen eigenen Entwurf einzuarbeiten – so entstand von 1743 an die architektonisch höchst kunstvoll konzipierte barocke Wallfahrtskirche von Vierzehnheiligen. In deren Mitte, dort wo sich im 15. Jahrhundert Wunder ereigneten, steht der Gnadenaltar. Die Kirche ist auf das über dem jenseitigen Mainufer liegende, im Jahre 1803 säkularisierte Kloster Banz ausgerichtet.

When the Bishop of Bamberg was presented with designs for a church, he discarded them all and requested Balthasar Neumann to incorporate the plans into a new design. The result was the church Vierzehnheiligen, (14 saints). Work started in 1743 on this unique Baroque pilgrimage church, with its exquisitely conceived architecture; at the centre is the shrine, on a spot once renowned for its miracle-working properties. Facing the church, on the opposite side of the Main, stands the monastery of Banz, secularised in 1803.

L'évêque de Bamberg n'apprécia pas les plans qui lui étaient présentés pour la construction de la Vierzehnheiligen-Kirche (église des quatorze Intercesseurs). Il fit alors appel à Balthasar Neumann qui, à partir de 1743, créa ce chef-d'œuvre du baroque francien qu'est l'église de pèlerinage. En son centre, s'élève un magnifique autel à l'endroit ou un miracle aurait eu lieu en 1445. Sa façade regarde l'abbaye de Banz sécularisée en 1803.

Wie das antike Rom, so ist auch Bamberg auf sieben Hügeln gebaut. Zu den wichtigsten Bauwerken dieser türmereichen Stadt gehören der viertürmige, 1237 geweihte Dom, die Abteikirche auf dem Michelsberg, die sehr römisch wirkende St. Martinskirche sowie die Alte und die Neue Hofhaltung, dazu das mit Stuck reich versehene Böttingerhaus an der Judengasse und das mitten in die Regnitz gebaute, architektonisch originelle Rathaus. Zu den Zelebritäten Bambergs gehören das Rauchbier und der Schriftsteller E.T.A. Hoffmann.

Bamberg, birthplace of author E.T.A. Hoffmann, is, like Rome, built on seven hills. It is a town of many towers, and among its most impressive sights are the four-towered Cathedral, consecrated in 1273, the former Abbey of Michelsberg, St Martin's church with its classical design, the old and new Hofhaltung (residence), the Böttingerhaus with its elaborate plasterwork and the unique Old Town Hall, built on a bridge spanning the river Regnitz. A local speciality is smoked beer; the Bamberg Symphony Orchestra enjoys an international reputation.

Bamberg, construite sur sept collines comme la Rome antique, est une ville dominée par les tours. Parmi ses plus beaux monuments: la cathédrale à quatre tours consacrée en 1273, l'église d'abbaye au Michelsberg, l'église Saint-Martin du 17e siècle, la nouvelle Résidence et l'ancienne appelée Alte Hofhaltung, le Böttingerhaus, édifice de style baroque franconien situé dans la Judengasse et l'hôtel de ville à l'architecture originale, bâti au milieu de la Regnitz. Le grand poète romantique E.T.A. Hoffmann habita la ville durant quelques années.

Ein Burgenfreund opferte 1898 viel Geld, um die verfallene Burg Lauenstein möglichst originalgetreu (doch auch im Stil des Historismus) zu restaurieren. – Erst durch Volksentscheid im Jahre 1920 wurden die Coburger, einstmals Untertanen des Herzogs von Sachsen-Coburg-Gotha, zu bayerischen Staatsbürgern. Wahrzeichen dieser nunmehr oberfränkischen Stadt ist die hoch über der Stadt gelegene Veste, auf der Martin Luther 1530 wohnte und den Ausgang des Augsburger Reichstages abwartete.

In 1898 an enthusiast spent a small fortune on restoring the ruined castle of Lauenstein to its original condition, though the influence of Neo-Gothic is also plain. – As the result of a referendum in 1920, the citizens of Coburg, which once fell under the jurisdiction of the Dukes of Saxe-Coburg-Gotha, decided they wished to be part of Upper Franconia and thus became Bavarians. The castle of Veste Coburg, high above the town is a landmark; Martin Luther was kept here in 1530 while waiting for the verdict of the Diet of Augsburg.

Grâce à la générosité d'un mécène, le château en ruine de Lauenstein fut reconstruit aussi fidèlement que possible en 1898. – Après un référendum en 1920, les habitants de Coburg, anciens sujets des ducs de Sachsen-Coburg-Gotha, devinrent citoyens bavarois. Le symbole de cette ville de Haute-Franconie est la Veste, une forteresse impressionnante qui domine la cité. C'est là que Martin Luther se réfugia en 1530 pour attendre l'issue de la Diète d'Augsbourg.

Das Stadtbild Kronachs wird von der Feste Rosenberg gekrönt, jener gewaltigen Burgfestung, vierflügelig mit fünf Bastionen, die in ihren Ursprüngen bereits im 12. Jh. durch Bischof Otto von Bamberg begonnen wurde. Die gesamte obere Stadt, über 1000 Jahre alt, ist heute noch vom mittelalterlichen Befestigungsring umgeben. Auch die gotische Pfarrkirche St. Johannes der Täufer (14./16. Jh.) und das Rathaus von 1583 prägen neben schönen Barockhäusern das Gesicht dieser liebenswerten Stadt in Oberfranken. Im Alten Zeughaus ist heute das Frankenwaldmuseum.

Kronach is dominated by the huge fortress of Rosenberg, founded by Bishop Otto of Bamberg in the 12th century. The whole of the Upper Town, over 1000 years old, is still surrounded by medieval defences. The most impressive features of this pleasant town in Upper Franconia are the Gothic church of St John the Baptist (14th/16th century), the town hall of 1583, a number of fine Baroque buildings and the Frankenwaldmuseum, housed in the "Altes Zeughaus". One of the town's most famous natives is the painter Lukas Cranach.

La forteresse de Rosenberg domine la physionomie de Kronach, située en Haute-Franconie. La citadelle dont l'édification commença au 12e siècle, sous l'évêque Otto von Bamberg, comprend quatre ailes dotées de cinq bastions. Une enceinte médiévale entoure encore la partie supérieure de la ville pittoresque âgée de plus de 1000 ans. Outre de belles maisons baroques, ses curiosités principales sont l'église gothique Saint-Jean-Baptiste (14e/16e s.) et l'hôtel de ville de 1583. L'ancien arsenal abrite aujourd'hui le musée du Frankenwald.

Riesige Heere sind auf der Plassenburg aufmarschiert. In der wehrhaften ehemaligen Residenz der Hohenzollern von Ansbach-Kulmbach ist nämlich ein Museum mit 300000 Zinnfiguren untergebracht. Wer vom Anstieg zur Burg mit dem schönen Renaissancehof ermüdet ist, mag sich am weitgerühmten Kulmbacher Bier stärken.

In the well-fortified residence of Ansbach-Kulmbach, former home of the Hohenzollern dynasty, there is a museum containing 300,000 tin figures. Those who have wearied on the steep path up to this castle, with its fine Renaissance courtyard, are sure to be revived after a glass of a celebrated local brew, Kulmbach beer.

Des armées immenses se sont rassemblées dans la puissante forteresse de Plassenburg agrémentée d'une remarquable cour de style Renaissance. L'ancien siège des Hohenzollern von Ansbach-Kulmbach est en effet un musée abritant 300 000 figurines d'étain. Les visiteurs altérés par la montée jusqu'au château, pourront se rafraîchir avec la Kulmbacher, une bière réputée au-delà de la région.

Im Jahre 1731, als Markgräfin Wilhelmine erstmals hierher kam, nannte sie die kleine Residenzstadt „Schwalbennest" und „Düngerhaufen". Daß aus Bayreuth eine der bekanntesten deutschen Städte wurde, ist nicht zuletzt ihr zu danken – und Richard Wagner. Wilhelmine schuf unter anderem die Schloß- und Parkanlage der Eremitage und die Markgräfliche Oper, Wagner aber ließ 1876 auf dem Grünen Hügel über der Stadt mit finanzieller Unterstützung durch König Ludwig II. sein Festspielhaus bauen.

In 1731, Wilhelmine, sister of Frederick the Great and wife of the Margrave of Brandenburg, arrived in the little town of Bayreuth. She dismissed her new home as a "swallow's nest" and a "dung heap", but it was nevertheless due to her, and to Richard Wagner, that Bayreuth was to become one of the most widely-known towns in Germany. The Eremitage palace and park were among Wilhelmine's creations, as was the splendid Margravial Opera House. In 1876, Wagner built his Festival House, with financial support from Ludwig II of Bavaria.

Quand la margrave Wilhelmine, sœur de Frédéric le Grand, vint à Bayreuth pour la première fois en 1731, elle appela la petite ville «un nid d'hirondelles» et un «tas de fumier». C'est pourtant grâce à elle et plus tard à Richard Wagner que Bayreuth est devenue une des cités les plus connues d'Allemagne. Wilhelmine créa entre autres le château et le parc de l'Ermitage ainsi que l'opéra margraviat. En 1876, grâce à son mécène le roi Louis II de Bavière, Wagner faisait ériger son théâtre sur la Grüne Hügel, une petite colline qui domine la ville.

Das im 16. Jahrhundert erbaute Rathaus mit seinem 37 Meter hohen Schneckenturm ist eines von wenigen Gebäuden, die aus den älteren Zeiten erhalten sind, denn bei einem Stadtbrand wurden 1823 neun Zehntel der Stadt zerstört. Hof hieß bei der ersten Nennung um 1160 Rekinzi und lebt heute vor allem von der Textil-Industrie. Mit dem Theresienstein besitzt die Stadt eine etwa 60 Hektar große Parklandschaft sowie einen Botanischen Garten.

In the year 1823, nine-tenths of Hof on the Saale were destroyed by a terrible fire. One of the few ancient buildings to have survived the blaze was the 16th century town hall, crowned by an unusual 37-metre-high spiral tower. The town of Hof was named for the first time in 1160 and its original name was Rekinzi. Hof's main source of income is derived from the textile industry. The town possesses a botanical garden and about 150 acres of parkland, known as the Theresienstein.

L'hôtel de ville avec sa tour en colimaçon de 37 mètres de hauteur, date du 16e siècle. C'est un des rares monuments que la ville a conservé après qu'un incendie l'eut ravagée aux neuf dixièmes en 1823. Hof, qui s'appela d'abord Rekinzi vers 1160, et vit surtout de l'industrie au textile. Avec Theresienstein, elle possède un parc immense de 60 hectares et un jardin botanique.

Nahe dem Fichtelsee, rund um den 1023 Meter hohen Ochsenkopf scheiden sich die Wasser. Der Weiße Main fließt westwärts, der Nordsee entgegen, nordwärts zieht die Saale zur Elbe. Das gleiche Ziel hat mit Kurs Ost die Eger, im Schwarzen Meer aber endet die südwärts zur Donau fließende Naab. Das Fichtelgebirge mit seinen übereinandergetürmten Granitmassen wurde von dem an der Geologie interessierten Goethe gerühmt als ein „Anblick, dessen gleichen mir auf allen Wanderungen niemals wieder vorgekommen".

High above the waters of the Fichtelsee, the 1,023 metre high mountain named the Ochsenkopf, or ox head, serves as a four-fold watershed. The Weisse Main flows west towards the North Sea, the Saale northwards and the Eger eastwards, both into the Elbe, while the Naab flows south to join the Danube on its way to the Black Sea. The Fichtelgebirge range, with its striking granite formations, did not miss the attention of Goethe, who was keenly interested in geology. He praised the hills as "scenery whose like I have never seen on all my travels".

Les eaux se séparent près du lac de Fichtelsee, autour du massif de l'Ochsenkopf haut de 1023 mètres. Le Main blanc coule vers l'ouest en direction de la mer du Nord, au nord, la Saale se dirige vers l'Elbe; l'Eger a le même but, mais en partant vers l'est; la Naab qui coule au sud vers le Danube termine sa course dans la mer Noire. Le Fichtelgebirge avec ses masses de granit cheveauvantes provoqua l'admiration de Goethe qui s'intéressait à la géologie: «C'est un site que je n'ai jamais retrouvé dans toutes mes randonnées».

Die Burg auf dem steilen Dolomitfelsen war 1227 Zufluchtsstätte für die nach dem Tod ihres Mannes aus Thüringen vertriebene heilige Elisabeth. Daran hat man sich später wohl nicht mehr erinnert, denn im 18. Jahrhundert verfiel die Schloßanlage. Ein Nürnberger Apotheker hat den Abbrucharbeiten ein Ende gemacht und Teile der Burg 1878 wieder aufgebaut. Die Attraktion der romantisch unter dem Burgberg gelegenen Stadt ist die nahe, 1,4 Kilometer lange Teufelshöhle.

In 1227, this castle on its steep dolomite crag served as a refuge for Saint Elizabeth, driven from Thuringia after the death of her husband. Somehow this was forgotten and the building was left to go to rack and ruin in the 18th century. Then, in 1878, an apothecary from Nuremberg halted the destruction and succeeded in rebuilding certain parts of the castle. Pottenstein, picturesquely situated at the foot of the castle hill, has one special attraction, the nearby Teufelshöhle, or Devil's Cave, which is 1,4 kilometres long.

En 1227, Sainte Elisabeth, chassée de Thuringe après la mort de son mari, se réfugia dans le château moyenâgeux qui se dresse sur un rocher escarpé de dolomite. L'histoire de la sainte fut sans doute oubliée car le château tombait en ruine au 18e siècle. Un pharmacien de Nuremberg arrêta les travaux de démolition entrepris et reconstruisit une partie de l'édifice en 1878. Une des attractions de la petite ville romantique nichée sous le massif du Burgberg, est la grotte longue de 1,4 km dite Teufelshöhle (grotte du Diable).

Der Bamberger Erzbischof wollte für die seit dem 15. Jahrhundert bestehende Wallfahrt zur Heiligen Dreifaltigkeit zu Gößweinstein eine Kirche bauen lassen. Da sich die vorgelegten Pläne nicht realisieren ließen, holte man Balthasar Neumann, und der schuf bis 1739 eine Kirche, die seither mit ihren beiden Türmen und einer eindrucksvollen Fassade das Ortsbild beherrscht. Die auf einem Felsen erbaute, im 11. Jahrhundert erstmals genannte Burg wurde im vorigen Jahrhundert aufwendig restauriert.

It was a Prince-Bishop of Bamberg who decided to build a church for the 15th century shrine of the Holy Trinity at Gössweinstein. The original plans proved impossible to carry out, and finally the great Baroque architect Balthasar Neumann was engaged. In 1739 his church was finished, and its two towers and magnificent facade have dominated the town of Gössweinstein ever since. The castle, built on a rock, is first mentioned in the 11th century. It was painstakingly restored in Neo-Gothic style about a hundred years ago.

Le prince-évêque de Bamberg voulait faire construire une église à Gössweinstein qui, depuis le 15e siècle, était le but d'un pèlerinage de la Sainte Trinité. Les plans présentés étant irréalisables, on alla chercher Balthasar Neumann. Avec son impressionnante façade et ses deux clochers, l'œuvre du célèbre architecte, terminée en 1739, domine la physionomie de l'agréable station climatique. Le château construit au 11e siècle sur un rocher, a été restauré à grands frais au siècle dernier.

Auch in diesem Felsendorf, das so sehr den romantischen Vorstellungen von der Fränkischen Schweiz entspricht (und auch entsprechend oft fotografiert wird), wurden Burgen gebaut. Auf jedem der beiden Dolomitfelsen östlich von Tüchersfeld stand eine wehrhafte Feste des Bischofs von Bamberg. Die Lage entsprach zuletzt aber wohl doch nicht den Erwartungen des Bauherrn und so hat man die eine Burg bereits im 15. Jahrhundert und die andere nach der Zerstörung im Dreißigjährigen Krieg dem Verfall überlassen.

This village, set in a romantic rocky landscape, conforms to everyone's idea of what Franconian Switzerland should look like, and would hardly be complete without its complement of ruined castles. Two of these top the twin dolomite peaks east of Tüchersfeld, both originally fortifications erected by the powerful Bishops of Bamberg. Evidently the castles failed to fulfil their builders expectations for one was deserted as early as the 15th century, the other abandoned after being damaged in the Thirty Years' War (1618-1648).

Des châteaux furent également bâtis près de ce village très souvent photographié car il évoque parfaitement l'idée romantique que l'on a de la Suisse franconienne. L'évêque de Bamberg fit ériger une forteresse sur chacun des deux rochers de dolomite situés à l'est de Tüchersfeld. L'endroit pourtant ne répondit pas aux attentes du maître des lieux. Un des châteaux était déjà tombé en ruine au 15e siècle et l'autre n'était pas restauré après les destructions de la guerre de Trente Ans.

Der Ruhm war einst groß, denn nach diesem kleinen, zwischen Pottenstein und Ebermannstadt gelegenen Ort nannte man die ganze bizarre Felslandschaft das Muggendorfer Gebürg, heute bekannt als Fränkische Schweiz. Zu verdanken war die Benennung Pastor Esser, der als erster viele Höhlen um Muggendorf erforscht und 1774 in einem Buch beschrieben hat. Die Wurzeln für den Fremdenverkehr waren damit gelegt, und Muggendorf, mitten in diesem schönen Land gelegen, hat daran seinen Anteil.

Muggendorf, which lies between Pottenstein and Ebermannstadt, was once a far more familiar name than it is now, for at one time it gave its name to a whole bizarre limestone landscape, the Muggendorf Hills. Nowadays the area is known as Franconian Switzerland. The area was in fact christened the Muggendorf Hills by a certain Pastor Esper, who was the first to explore the many caves of the region. In 1774 he wrote a book describing his travels around Muggendorf and thus paved the way for the tourist industry of the following centuries.

Ce village situé entre Pottenstein et Ebermannstadt connut la célébrité car il donna son nom au paysage pittoresque de rochers au milieu duquel il est niché. La Suisse franconienne était autrefois appelée «Muggendorfer Gebürg». Elle doit sa désignation initiale au pasteur Esper, le premier à avoir exploré les grottes aux alentours de Muggendorf et à les avoir décrites dans un ouvrage paru en 1774. Les bases du tourisme étaient posées et Muggendorf est aujourd'hui une petite station estivale très fréquentée.

Die im 9. Jahrhundert erstmals in Urkunden angeführte Königs- und Kaiserpfalz Forchheim – das Tor zur Fränkischen Schweiz – war ein wichtiger, stark befestigter Grenzstützpunkt des Bistums Bamberg. An die Vergangenheit erinnern noch viele Gebäude in der Stadt, beispielsweise die Pfalz (deren Ursprünge ins 12. Jahrhundert zurückreichen) oder das imposante Nürnberger Tor von 1698. Forchheim war im Mittelalter der Schnittpunkt wichtiger Straßen, es war eine der wichtigen Städte des deutschen Reiches.

Forchheim, a royal and imperial residence first mentioned in charters of the 9th century, is the gate to Franconian Switzerland and was once a strategically important, well-fortified base on the borders of the diocese of Bamberg. Many of the town's buildings testify to its past, including the medieval Pfalz, or Bishop's castle, the exceptionally fine 15th century town hall and the Nuremberg Gate of 1698. In the Middle Ages Forchheim, at the crossing point of vital trade routes, was one of the most important towns of the Empire.

Forchheim, citée pour la première fois dans des actes du 9e siècle, était autrefois une résidence royale et impériale ainsi qu'une base fortifiée d'importance à la frontière de l'évêché de Bamberg. De nombreux monuments rappellent son passé glorieux: entre autres, la Pfalz ou résidence épiscopale dont l'origine remonte au 12e siècle et le Nürnberger Tor, porte imposante datant de 1698. Forchheim – la porte de la Suisse franconienne – était au Moyen Age le carrefour de routes importantes et une des villes les plus influentes de l'Empire allemand.

Bevor die Fremden kamen und die Fränkische Schweiz als eine der schönsten deutschen Urlaubslandschaften entdeckten, war dies eine arme Region. Der Boden, ohnedies zum Großteil für die Landwirtschaft nicht nutzbar, trug nur wenig Frucht. So sah man hier auch mehr Schafe als Kühe - und Hirten mit ihren Herden gehören noch heute zu dieser Landschaft. Da sich aber die Verhältnisse zum Besseren gewandelt haben, wirken sie für die vielen Urlauber wie eine romantische Staffage in einer urtümlichen Landschaft.

This was once an impoverished region, but that was before tourists discovered that the scenery of Franconian Switzerland made it one of the most attractive holiday areas in Germany. The soil is in the main barren, and can hardly be used for agriculture. Sheep were always more common here than cows, and even today shepherds are found tending their flocks on the hills. But the economy of the area no longer requires the undemanding sheep, regarded by tourists as solely for decorative purposes in this rugged, unspoilt landscape.

La Suisse franconienne était une région pauvre avant que les touristes ne découvrent en elle une des plus jolies contrées d'Allemagne. Son sol était trop peu fertile pour l'agriculture ou l'élevage des bovins. On y voyait donc plus des moutons que des vaches et aujourd'hui encore, les bergers et leurs troupeaux font partie du paysage. Mais comme les conditions de vie se sont améliorées, ils forment, aux yeux des vacanciers, des tableaux romantiques dans un univers naturel.

In
Treue
von
Eurem
Paten
Trachten
verein

Die Kirchenburg von Effeltrich ist eines der merkwürdigsten Gotteshäuser Frankens, die 900jährige Linde mit dem Tanzboden hat nicht ihresgleichen. Bekannter aber sind die dekorativen Trachten, die hier am Georgitag oder, wie auf unserem Bild, bei der Fronleichnamsprozession getragen werden. – Der schmale hohe Turm der Burg Veldenstein ist Wahrzeichen des am südlichen Rande des Veldensteiner Forstes gelegenen Marktes Neuhaus an der Pegnitz, den Kaiser Heinrich II. einst dem neuen Bistum Bamberg geschenkt hat.

The Kirchenburg of Effeltrich is one of the strangest churches in Franconia, surrounded by a rectangular castle keep. The 900-year-old lime tree is unique in having a 'dance floor' in its trunk. Decorative local costumes are a familiar sight on St George's Day and, as seen here, in the annual Corpus Christi procession. – The slender high tower of Burg Veldenstein is a landmark of Neuhaus near the river Pegnitz, at the southern edge of Veldenstein Forest; in 1007 the market town was appropriated by Henry II for his new diocese of Bamberg.

L'église de château d'Effeltrich est un des édifices religieux les plus étranges de Franconie; le tilleul vieux de 900 ans avec la piste de danse n'a son pareil nulle part ailleurs. Plus connus toutefois sont les costumes pittoresques portés lors de fêtes et au cours de la procession de la Fête-Dieu que montre la photographie. – La haute tour élancée du château Veldenstein est l'emblème du village Neuhaus près de la Pegnitz, localité située au sud de la forêt de Veldenstein et que l'empereur Henri II offrit au nouvel évêché de Bamberg.

Zunächst kam um 1040 der Salier Heinrich III. und baute sich auf dem Sandsteinfelsen eine Burg. Etwa hundert Jahre später wurde dieser ersten eine zweite Burg hinzugefügt und die alte Anlage 1192 den als Verteidigern der Burg eingesetzten Hohenzollern überlassen – so begann hier der Aufstieg dieser Familie. Die Nürnberger Burg – eine der schönsten, eindrucksvollsten in Europa – wurde vielfach umgebaut. Das weithin sichtbare Wahrzeichen ist der große, runde Sinwellturm.

The first castle on these sandstone crags was built in 1040 by the Salian king Henry III. About a century later a second castle, the Kaiserburg, was added to the first. In 1192 the original building passed into the possession of the Hohenzollern family, who had been responsible for its defence, and so began the rise of this great dynasty. The Kaiserburg, one of the finest and most imposing of all European castles, has undergone many alterations over the centuries. Its massive round Sinwell Tower can be seen for miles around.

Vers 1040, Henri III de la dynastie des Salier bâtit un château-fort sur un rocher de grès. Un deuxième y fut ajouté cent ans plus tard et en 1192, le premier édifice revenait aux Hohenzollern qui avaient défendu l'endroit. C'est ainsi que commença en ces lieux l'essor de la célèbre famille. Le château impérial – un des plus beaux et impressionnants d'Europe – a été remanié plusieurs fois au cours des siècles. Il est dominé par une haute tour massive appelée Sinwellturm.

In die behäbig breite Frontseite der um 1350 gebauten Frauenkirche wurde 1509 eine vielbestaunte Sehenswürdigkeit eingefügt, der „Männleinlauf" mit den durch ein Uhrwerk betriebenen Figuren. Vor der Kirche, auf dem Hauptmarkt: der „Schöne Brunnen" aus dem späten 14. Jahrhundert. – Zur kostbaren Ausstattung der Lorenzkirche gehört der 3,72 Meter hohe, aus Birnenholz geschnitzte „Englische Gruß" von Veit Stoß. Den Auftrag für das mitten im Chor schwebende Kunstwerk hatte Anton Tucher gegeben.

The Frauenkirche dates from 1350, but its remarkable "Männleinlauf", a mechanical clock with moving figures, was not inserted into the broad, sturdy front until 1509. The clock is one of the most admired sights of Nuremberg, as is the late 14th century „Schöne Brunnen" (beautiful fountain) in front of the Frauenkirche. The Church of St Lawrence contains among other outstanding treasures the 3.72 metre-high Annunciation by Veit Stoss, a pearwood carving hanging in the choir. The crucifix on the high altar is also by Veit Stoss.

En 1509, une curiosité étonnante venait décorer la large façade de la Frauenkirche, église gothique du type halle, bâtie en 1350: une horloge mécanique représentant les sept Electeurs défilant devant l'Empereur. Devant l'église, sur le Hauptmarkt, se dresse le Schöner Brunnen, belle fontaine de la fin du 14e siècle. – Une des admirables œuvres d'art de la Lorenzkirche, la plus belle église de Nuremberg, est l'Annonciation de Veit Stoss. Le patricien Anton Tucher fit don du groupe de 3, 72 mètres de hauteur, sculpté dans du bois de poirier et suspendu à une chaîne.

Markgraf Christian Ernst hatte keine Angst vor Fremden und so gewährte er 1686 den aus Frankreich vertriebenen Hugenotten nicht nur Asyl, sondern baute für sie auch noch südlich von Erlangen eine neue, rechtwinkelige Stadt. Dort errichtete er 1705 nahe bei Schloß und Schloßgarten die weit geschwungene eingeschoßige Orangerie.

Margrave Christian Ernst had no fear of strangers in his town, for in 1686 he not only gave refuge to the Huguenots from France but also built a settlement for them to the south of Erlangen, laid out in a grid pattern. Twenty years later in 1705 he built the elegantly curved Orangery near the castle and its garden.

Le margrave Christian Ernst ne craignait pas les étrangers. En 1686, il n'offrit pas seulement l'asile aux Huguenots chassés de France, mais leur bâtit également une ville nouveau rectangulaire dans la partie sud d'Erlangen. En 1705, il fit construire l'élégant édifice à un étage appelé Orangerie près du château et de son parc.

In Lauf, einer besiedelten Pegnitzinsel, ließ Kaiser Karl IV. zum Schutz der Handelsstraße zwischen Prag und Rhein schon um 1360 eine Reichsministerialienburg erbauen, die 1526 von Paul Beheim neugestaltet wurde und die heute „Wenzel-Schloß" genannt wird. Dem Publikum ist der einmalige gotische Wappensaal zugänglich, der 114 in Stein gehauene, farbig gefaßte Wappenschilder des böhmisch-schlesischen Adels beherbergt. Das alte Rathaus beherrscht noch heute den Marktplatz der alten Stadt im Osten Nürnbergs.

Lauf, on an island in the river Pegnitz, grew up around a castle built in 1360 by Emperor Charles IV to guard the trade route from Prague to the Rhine. Rebuilt in 1526 by Paul Beheim, today it is known as Wenceslas Castle. The unique Gothic armoury, open to the public, is decorated with 114 medieval stonework coats-of-arms of the Bohemian-Silesian nobility. The old town hall dominates the market place of this ancient town east of Nuremberg.

En 1360, l'empereur Charles IV fit construire un château sur l'île habitée de Lauf pour protéger la route de commerce entre Prague et le Rhin. L'édifice, transformé en 1526 par Paul Beheim, s'appelle aujourd'hui «Château Wenzel». L'admirable Salle des Armoiries de style gothique est ouverte au public. 114 blasons colorés appartenant aux familles nobles de Bohême-Silésie sont sculptés dans les murs. L'ancien hôtel de ville domine encore la Place du Marché de la ville historique située à l'est de Nuremberg.

Da seine drei Söhne in den Deutschen Orden eingetreten waren, schenkte Burggraf Konrad 1294 die nördlich von Ansbach gelegene Burganlage mit allem was dazugehörte dem Deutschen Orden. Von da an bis zum Jahre 1806 war sie nun Sitz einer Komturei und Mittelpunkt einer Herrschaft, die nach der Reformation eine kleine katholische Enklave im protestantischen Mittelfranken bildete. Weithin sichtbares Wahrzeichen der im 16. und 17. Jahrhundert umgebauten Höhenburg ist der Bergfried mit der welschen Haube.

As all his three sons had joined the Teutonic Order, Burgrave Conrad of Ansbach presented his castle of Höhenburg and everything that belonged to it to the Order in 1294. The castle, in Virnsberg, north of Ansbach, subsequently became the seat of a Commander of the Order and, after the Reformation, the centre of a small Roman Catholic enclave surrounded by mainly Protestant Central Franconia. Höhenburg, rebuilt in the 16th and 17th centuries, has an octagonal keep with an onion-shaped tower, a prominent landmark of the area.

Comme ses trois fils étaient entrés dans l'ordre Teutonique, le burgrave Konrad offrit le château situé au nord d'Ansbach à la communauté de prêtres et de chevaliers. De 1294 à 1806, il fut le siège d'une commanderie de l'ordre et centre d'un fief qui, après la Réformation, forma une petite enclave catholique au milieu de la Moyenne-Franconie protestante. Le château de Höhenburg, dominé par un haut donjon, a été remanié aux 16e et 17e siècle.

Wenn die Legende stimmt, dann ist es der Trinkfestigkeit von Bürgermeister Nusch zu danken, daß die ehemalige freie Reichsstadt Rothenburg ihr mittelalterliches Aussehen bewahren konnte. Die Truppen Tillys verzichteten 1631 nämlich erst darauf, die Stadt zu zerstören, als Nusch den Krug mit 3 1/4 Liter Wein in einem Zuge geleert hatte. Später fehlte der einstmals reichen Stadt das Geld für Bauarbeiten. So blieb Rothenburg mit seiner Stadtmauer als Denkmal mittelalterlicher Stadtkultur erhalten.

If the legend is correct, then Rothenburg, a former Free City of the Empire, owes its unspent aspect to Burgomaster Nusch's ability to hold his drink. In 1631, during the Thirty Years' War, he saved the town from the invasion of hostile troops by winning a bet that he could down the contents of a jug containing nearly six pints of wine at one go. When the once prosperous Rothenburg fell on hard times, there was no money available for new buildings; thus this medieval walled town has been preserved as a monument to its age.

Si la légende est vraie, l'ancienne ville libre impériale doit d'avoir gardé sa physionomie moyenâgeuse à la capacité de boire d'un bourgmestre du nom de Nusch. En 1631, Les troupes du général Tilly renoncèrent à détruire la ville après que le bourgmestre eut vidé d'un trait une cruche de 3 1/4 litres de vin. Plus tard, la cité, ayant perdu de sa prospérité, n'eut plus d'argent pour se développer. C'est ainsi que Rothenburg ob der Tauber est devenue aujourd'hui un véritable monument de la culture médiévale.

Im frühen 19. Jahrhundert haben die Romantiker Rothenburg entdeckt. Hier fanden sie, was so unversehrt und schon sonst nirgendwo in Deutschland zu besichtigen war – eine Stadt, die sich seit dem Mittelalter nur wenig verändert hatte. Rothenburg mit den Kirchen, Fachwerkhäusern und verwinkelten Gassen wurde zum Inbegriff der romantischen deutschen Stadt, und das Plönlein mit dem Sieberturm oben und dem Kobolzeller Tor unten ist jedermann vertraut, auch jenen, die nie in Rothenburg gewesen sind.

The Romantics discovered Rothenburg early in the 19th century. Here they found what they had sought all over Germany – a town that had remained intact and virtually unchanged since the Middle Ages. Rothenburg, with its churches, half-timbered buildings and winding lanes, thenceforth became the epitome of the romantic German town. The Plönlein, a corner of the town beside the Kobolzeller gateway set in the Sieber tower, is a familiar sight to many, even those who have never set foot in the town itself.

Les Romantiques découvrirent Rothenburg au début du 19e siècle. La, ils trouvèrent une atmosphère intacte qui n avait pas d'égale en Allemagne. La ville pittoresque n'a presque pas changé depuis le Moyen Age. Avec ses églises, ses maisons à colombages, ses ruelles tortueuses, elle incarne parfaitement la ville romantique allemande. Même ceux qui n'ont jamais visité Rothenburg connaissent le carrefour du Plönlein avec le Sieberturm et la porte dite Kobolzellertor.

Aus Lindenholz schnitzte Tilman Riemenschneider in seiner Würzburger Werkstatt das Letzte Abendmahl für die Heilig-Kreuz-Kapelle in der Rothenburger Stadtpfarrkirche St. Jakob. Am 15. April 1501 hatte der Meister den Vertrag unterschrieben, und obwohl man ihm zuletzt für seine Arbeit nur 60 Gulden zahlte, lieferte er den Rothenburgern für die Kirche, in der ein Blutstropfen Christi als wundertätige Reliquie verehrt wurde, einen der großen gotischen Schnitzaltare.

In the Holy Cross chapel in the 14th century church of St Jacob in Rothenburg stands this striking altar of limewood, the work of the great master Tilman Riemenschneider signed his contract on April 15th, 1501 and finished his work in 1504. It is recorded that he was paid a miserly 60 guelders for his work; nevertheless, he created for St Jacob's church one of the greatest of all the Gothic carved altars. Its purpose was that of a reliquary, to hold the venerated miracle-working drop of the Blood of Christ.

Dans son atelier de Würzburg, Tilman Riemenschneider sculpta dans du bois de tilleul, le retable représentant la Cène qui se dresse dans une des chapelles de l'église paroissiale St. Jacob de Rothenburg. Le 15 avril 1501, l'artiste signa le contrat pour son travail qui finalement ne lui rapporta que 60 florins. Il livra pourtant un des plus admirables autels gothiques à l'église dans laquelle un Christ ensanglante est adoré comme relique miraculeuse.

Die Dinkelsbühler, seit 1806 bei Bayern, verdanken es König Ludwig I., daß sie heute noch eine vielbewunderte Stadtmauer besitzen. Sie hatten nämlich schon mit dem Abbruch begonnen, als aus München der Befehl kam, die Arbeiten einzustellen und das Baudenkmal aus dem späten 14. Jahrhundert zu bewahren. – Aus einem Kloster, das Graf Gumbert 748 gründete, wurde die Residenzstadt Ansbach. Zum Andenken an den heiligen Gründer baute man von etwa 1040 an die St. Gumbertkirche mit den drei Türmen.

The people of Dinkelsbühl, which since 1806 has been part of Bavaria, have King Ludwig I thank for the preservation of their much-admired town wall. They had already begun work on demolishing the stonework when Ludwig I of Bavaria sent out the command to halt the reckless destruction of these fine 14th century defences. – Ansbach, once the residence of the Margraves of Brandenburg-Ansbach, grew up around a Benedictine monastery founded in 748 by St Gumbert. The triple-towered church was built in memory of Gumbert after 1040.

Les habitants de Dinkelsbühl, citoyens de Bavière depuis 1806, doivent au roi Louis I de posséder un admirable mur d'enceinte aujourd'hui. Ils avaient déjà commencé à le démolir quand un ordre de Munich exigea la cessation des travaux et la conservation du monument datant de la fin du 14e siècle. – Un cloître fondé par le comte Gumbert en 748, devint la ville d'Ansbach. L'église St. Gumbert flanquée de trois clochers fut bâtie vers 1040 pour commémorer le fondateur.

Die Hohenzollern hatten sich 1331 in Ansbach eingekauft und aus Zugewinn die Markgrafschaft Ansbach-Bayreuth gemacht. Das an der Rezat errichtete Schloß wurde mehrfach verändert, ehe im Jahre 1705 der Graubündner Gabriel de Gabrieli für den Bau einer neuen Residenz engagiert wurde. Der Architekt zog nach zehn Jahren ab, der Markgraf starb und seine Witwe führte das ehrgeizige Werk fort. Sie erweiterte das Programm und legte auch noch einen Hofgarten an, in dem sie – noch heute ein Stolz dieses Gartens – zwei Lindenalleen in Form eines Kreuzes pflanzen ließ.

In 1331, Ansbach was purchased by the Hohenzollern family, who used their acquisition to create the domain of Ansbach-Bayreuth. The Margrave's palace beside the river Rezat was altered many times, until finally it was decided to build a completely new residence. The Swiss architect Gabriel de Gabrieli was engaged in 1705, but after 10 years he left, the Margrave died, and it was left to the Margrave's widow to complete the ambitious undertaking. She actually extended the original plans, adding of a cross.

En 1331, les Hohenzollern avaient investi à Ansbach et crée le margraviat d'Ansbach-Bayreuth avec les profits. Le château construit sur la Rezat fut remanié à plusieurs reprises avant que le suisse Gabriel de Gabrieli ne soit chargé en 1705 de bâtir une nouvelle résidence. L'architecte se retira au bout de dix ans, le margrave mourut et sa veuve poursuivit l'œuvre ambitieuse. Elle agrandit le programme et créa un parc, le Hofgarten, dans lequel elle fit planter deux allées de tilleuls en forme de croix.

Am Ende eines der beiden kürzeren Arme entstand 1726 an der Stelle des abgebrannten Opernhauses eine Orangerie. Die dem Garten zugewandte Seite (sie zeigt unser Bild) ist dem Trianon in Versailles nachempfunden, die rückwärtige Seite aber hat ihr Vorbild am Louvre. Im Schloßgarten in Ansbach erhielt Kaspar Hauser 1833 den tödlichen Stich. Ein Denkmal erinnert daran.

The orangery was built in 1726, at the end of one of the shorter walks, on the site of an opera house that had burnt down. The side in the photo, which faces the gardens, was modelled on the Trianon in Versailles; the other side was modelled on the Louvre. In the gardens there is a tablet to the memory of Kaspar Hauser. Hauser, who achieved fame as a mysterious foundling, was adopted by an English Lord. He was inexplicably stabbed to death in these gardens in 1833.

A un bout de l'allée transversal une orangerie fut construite en 1726 sur l'emplacement de l'opéra détruite par un incendie. Le Trianon de Versailles servit de modèle à la façade donnant sur le jardin (photo); le côté arrière fut conçu d'après le Louvre. C'est dans le parc d'Ansbach que fut poignardé Kaspar Hauser en 1833. Un monument dans le parc rappelle le souvenir de l'enfant sauvage élevé par des loups.

Der hohe, über mehrere Stockwerke gehende Giebel ist in Spalt keine Seltenheit, denn hier, in einem der wichtigsten deutschen Anbaugebiete, braucht man viele Trockenböden für den Hopfen, und wie wären sie besser und architektonisch ansprechender zu gewinnen gewesen als durch mehrere übereinanderliegende Speicher. Das berühmteste Beispiel dieser Bauweise ist das etwas abseits der Stadt gelegene Mühlreisighaus von 1746. Der Anbau von Hopfen ist in dieser Gegend seit 1341 nachgewiesen.

High gables extending over several floors of a house are a common sight in the town of Spalt, for this is an important agricultural area and at one time plenty of cool dry rooms were required to dry hops. The ideal solution and one that was also architecturally appealing, was to build a series of hop-drying lofts over several floors of the house. The Mühlreisighaus, dating from 1746, stands just outside Spalt and is the most famous example of this construction. Hop-growing is an ancient tradition first recorded in this area in 1341.

Les hauts pignons, construits sur plusieurs paliers, ne sont pas une rareté à Spalt car dans cette région très fertile, on a besoin d'espace sec pour le houblon. L'architecture curieuse des frontons dissimule de vastes greniers superposés dans lesquels les plantes sont séchées. L'exemple le plus connu de ces demeures-hangars est la dite Mühlreisighaus de 1746 qui est située un peu à l'écart de la localité. Spalt était déjà célèbre pour ses cultures de houblons en 1341.

Das Ellinger Tor aus dem frühen 16. Jahrhundert, einer der schönsten Torbauten Deutschlands – erinnert an Weißenburgs Vergangenheit als freie Reichsstadt. Zu ihrem fast vollständig erhaltenen Festungsgürtel gehörten 31 Türme, zwei Tore und Wehrgänge. Die Geschichte des Ortes reicht bis in die Römerzeit zurück. Um das Jahr 85 war hier das Kastell Birciana entstanden. Die Thermen dieser Siedlung wurden 1977 entdeckt und konserviert. Berühmt ist der zwei Jahre später gefundene „Römerschatz von Weißenburg".

The Ellinger Gateway dates from the early 16th century and is one of the best of all town gates in Germany. It is an imposing reminder of the time when Weissenburg was a Free City of the Empire. The town walls and ramparts have been preserved almost intact, with 31 towers and two gateways. The history of Weissenburg goes back to antiquity, for it was founded by the Romans in the year 85 AD and named Castell Birciana. In 1977 Roman baths were unearthed and preserved; a hoard of valuable Roman remains was also found two years later.

La porte dite Ellinger Tor datant du 16e siècle, – une des plus belles d'Allemagne – rappelle que Weissenburg était autrefois ville libre d'Empire. Son enceinte fortifiée admirablement conservée, comporte 31 tours, deux portes et de nombreux chemins de rondes. L'histoire de la cité remonte à l'époque romaine ou un camp appelé Birciana était crée en l'an 85. Ses thermes furent découverts en 1977. Deux années plus tard, le célèbre «trésor romain de Weissenburg» était mis à jour.

An der Grenze von Franken zu Schwaben, steil über der Wörnitz, wurde im 11. Jahrhundert zum Schutz der Reichsstraße Nördlingen-Donauwörth eine Burg gebaut. Zunächst im Besitz des Kaisers, ging sie 1295 an die Grafen (später Fürsten) Oettingen. Sie haben die Harburg ausgebaut und kostbare Kunstsammlungen in ihr untergebracht. – Trachtenfest im schwäbischen Donauwörth. An der Mündung der Wörnitz in die Donau gelegen, war die Stadt ein wichtiger Handelsplatz.

On the border of Franconia and Swabia, on a steep hill above the river Wörnitz, a castle was built in the 11th century to safeguard the Imperial road from Nördlingen to Donauwörth. The Emperor finally lost possession of the castle, which passed to the Counts (later the Princes) of Oettingen. The new owners extended the castle and amassed a valuable art collection within its walls. – Donauwörth, at the confluence of the rivers Wörnitz and Danube, was once an important trading centre. The photo shows a festival of local costumes.

A la frontière entre la Franconie et la Souabe, un château destiné à protéger la route impériale de Nördlingen-Donauwörth, fut bâti au 11e siècle sur un versant de la vallée de la Wörnitz. Propriété de l'empereur jusqu'en 1295, le curieux édifice appartint ensuite aux comtes et plus tard princes d'Oettingen. La famille agrandit le Harburg et le remplit d'admirables collections d'art. – Fête folklorique à Donauwörth. Située à l'embouchure du Danube et de la Wörnitz, la ville était autrefois une place de commerce importante.

CAFE
ANKRA
UHREN
SALAMANDER
SCHUHBRAUN

Am Zusammenfluß von Wertach und Lech, auf einer Landzunge, hatten sich etwa um das Jahr 15 v. Chr. die Römer niedergelassen. Aus dieser Siedlung wurde später die Hauptstadt der ganzen raetischen Provinz. Im Mittelalter war die Stadt (zur Römerzeit hieß sie Augusta Vindelicorum) vor allem durch die Familien Fugger und Welser zu einer der mächtigsten Handelsstädte und einem finanziellen Zentrum Europas geworden. In der Bildmitte: die Kirche St. Ulrich und Afra.

In about 15 BC, the Romans founded a military camp on a narrow strip of land at the confluence of the Wertach and the Lech. By the 1st century AD it had become the capital of the Roman province of Rhetia, Augusta Vindelicorum. The town retained its importance in the Middle Ages, and the rise of the great merchant families of Fugger and Welser eventually made Augsburg one of the most influential of all the trading and financial centres in Europe. In the centre of the picture may be seen the Minster of St Ulrich and Afra.

Vers l'an 15 avant Jésus-Christ, les Romains s'établirent sur une étroite bande de terre au confluent de la Wertach et de la Lech. Leur camp, appelé Augusta Vindelicorum, devint plus tard la capitale de la province. Au Moyen Age, les puissantes familles Fugger et Welser firent de la ville un des plus grands centres de commerce et des finances d'Europe centrale. Au milieu de l'image: L'église St. Ulrich et Afra.

Ehe er wegen seines protestantischen Glaubens aus dem städtischen Dienst entlassen wurde, schuf Elias Holl in seiner Heimatstadt bedeutende Bauten, darunter zwischen 1616 und 1620 das Rathaus, ein Werk am Übergang von der Renaissance zum Barock. Dem in der Nähe des Rathauses stehenden Perlachturm fügte er das obere Geschoß hinzu. – Nachdem die Benediktiner von Ottobeuren die Stiftsgebäude in aufwendigem Stil neu gebaut hatten, holten sie 1748 J.M. Fischer, der ihnen die barocke Kirche schuf (Bild umseitig).

The Augsburg architect Elias Holl contributed a number of fine buildings to his home town before being forced to resign his official position because of his Protestant faith. One of his best works is the splendid town hall, built 1616-1620, which shows an interesting transition from Baroque to Renaissance styles. Holl also built a top storey on the nearby Perlach tower. – The ancient Benedictine abbey of Ottobeuren was rebuilt in ornate style shortly before Johann Michael Fischer added his superb Baroque church in 1748 (next pages).

Avant qu'il ne soit relevé de ses fonctions à cause de sa croyance protestante, Elias Holl donna quelques monuments importants à sa ville natale. Entre 1616 et 1620, il construisit l'hôtel de ville, une œuvre de transition entre les styles Renaissance et baroque. Le dernier étage de la tour Perlachturm située prés de l'hôtel de ville est également de l'architecte. – Après que les Bénédictins d'Ottobeuren eurent fait appel aux meilleurs architectes d'Europe pour rebâtir leur abbaye, ils demandèrent à J. M. Fischer d'édifier l'église baroque (1748). Pages suivantes.

Einer der fünf Wehrtürme von Kaufbeurens alter, teilweise erhaltener Stadtmauer, der Fünfknopfturm, ist das Wahrzeichen der 1126 erstmals in einer Urkunde genannten freien Reichsstadt. In diesem Ort, der seinen früheren Wohlstand der Weberei verdankt, feiern die Kinder alljährlich das „Tänzelfest" – Zunächst besaßen die wohlhabenden Memminger nur ein hölzernes Rathaus. Im 16. Jahrhundert ließen sie es etappenweise in Stein ausführen – sie erhielten ein Rathaus, wie es seinesgleichen kaum noch gibt.

The Fünfknopfturm, one of five defensive towers along the remains of Kaufbeuren's old defences, is the most prominent landmark of this former Free Imperial City. Kaufbeuren, first mentioned in a charter of 1126, rose early to prosperity through a flourishing weaving trade. Nowadays it is well known for its annual children's festival. – For a long time the affluent burghers of Memmingen were content with a wooden town hall. In the 16th century a new one was built by stages, resulting in the incomparable town hall in our photo.

Le Fünfknopfturm ou «tour des cinq boutons» est une des cinq tours de guet des murs d'enceinte de l'ancienne ville libre impériale qu'un document de 1126 mentionne pour la première fois. Chaque année, les enfants célèbrent la «fête de la danse» dans la localité que le tissage rendit jadis prospère. – La ville florissante de Memmingen ne possédait d'abord qu'un hôtel de ville en bois. Au 16e siècle, les habitants construisirent par étapes l'admirable édifice en pierre qui existe toujours aujourd'hui.

RATHAUS

Der südwestliche Zipfel Bayerns war bis ins 18. Jahrhundert eine Insel, die zunächst dem Kloster St. Gallen, später den Grafen von Montfort, den Fuggern und schließlich, für ein halbes Jahrhundert, den Österreichern gehörte. 1803 fiel das Gebiet an Bayern. Mit der zur Halbinsel verwandelten Insel wechselte auch das Schloß seinen Besitzer. Heute ist Wasserburg ein beliebter Ferienort mit Yachthafen; das Schloß aber ist längst in ein Hotel verwandelt. Am Eingang der Halbinsel erinnert eine Fuggersäule an die ehemaligen Besitzer.

Until the 18th century, an island marked the far south-west corner of Bavaria. The island was first owned by the monastery of St Gallen, then by the Counts of Montfort and after that by the Fugger family (now commemorated by a column at the neck of the peninsula). It fell into Austrian hands for six months before finally passing to Bavaria in 1803. But changes continued in Wasserburg. The island became a peninsula, the castle became a hotel and Wasserburg itself became a popular resort with a yacht harbour and a fishing museum.

Jusqu'au 18e siècle, la pointe sud-ouest de la Bavière était une île qui appartint d'abord au cloître de St. Gallen, puis aux comtes de Montfort, aux Fugger, à l'Autriche durant 50 ans et finalement à la Bavière à partir de 1803. L'île, devenue presqu'île, est aujourd'hui un lieu de villégiature très apprécié avec un agréable port de plaisance. Son château, mentionné dès le 8e siècle, détruit en 1358 et reconstruit, est aujourd'hui un hôtel. A l'entrée de la presqu'île, se dresse la colonne Fugger à la mémoire des anciens propriétaires.

Die namengebende Linde ist in dieser Inselstadt allgegenwärtig: auf dem Giebel des im 15. und 16. Jahrhunderts gebauten, überreich verzierten Rathauses zum Beispiel, oder auch vergoldet, in der Hand des Fischers auf dem Stadtbrunnen. Mit der ehemals freien Reichsstadt Lindau, mit Bad Schachen, Wasserburg und Nonnenhorn ist Bayern 1805 zum Anrainer des Bodensees geworden. Symbol dieser Teilhaberschaft (einem kurzen Küstenstreifen) ist das Standbild des bayerischen Löwen an der Hafeneinfahrt.

The name Lindau derives from the lime trees that are ever-present wherever one looks in this island town, from the gables of the elaborate town hall, which dates from the 15th and 16th centuries, to the gilded branch held by the fisherman on the Neptune Fountain. Bavaria first advanced its borders to a narrow strip along the banks of Lake Constance in 1805 when it acquired Lindau, Bad Schachen, Wasserburg and Nonnenhorn. As a reminded of its claim to the shore of the lake, a Bavarian Lion guards the entrance to Lindau harbour.

Linde signifie tilleul. Cette plante qui a donne son nom à la ville y est présente partout: elle décore le pignon de l'hôtel de ville richement orné construit aux 15e et 16e siècles; on la retrouve, dorée, dans la main du pêcheur sur la fontaine de Neptune. Avec l'ancienne ville libre impériale Lindau, les localités de Bad Schachen, de Wasserburg et de Nonnenhorn, la Bavière devint propriétaire d'une partie du lac de Constance en 1805. Le symbole de cette possession est le monument du Lion bavarois qui se dresse à l'entrée du port.

Die Geschichte dieser Stadt reicht weit zurück. Den Namen gaben ihr die Kelten, und so wie bei ihnen hieß die Siedlung auch bei den Römern „Cambodunum". Im Mittelalter bildeten sich nebeneinander eine geistliche und eine weltliche Stadt, die sich feindlich gegenüberstanden und erst im frühen 19. Jahrhundert, beim Anschluß des Allgäus an Bayern, vereinigt wurden. Die 1652 neu erbaute Klosterkirche St. Lorenz war eines der ersten barocken Gotteshäuser Bayerns.

The history of Kempten goes back many centuries. Its name has changed little, for it was known to the Celts and Romans as Cambodunum. In the Middle Ages it virtually became two towns, one secular and one religious, and the breach was to cause bitter enmities. These rivalling townships were not reconciled until Kempten and the whole of the Allgäu region passed to Bavaria in the early part of the 19th century. The abbey church of St Lawrence, adjoining the palace, was rebuilt in 1652, one of the first Baroque churches in Bavaria.

L'histoire de Kempten remonte à très loin. Les Celtes lui donnèrent son nom que les Romains reprirent: «Cambodunum». Au Moyen Age, se formèrent côte à côte une communauté séculière et religieuse qui s'affrontèrent sans cesse jusqu'à ce qu'elles soient réunies au début du 19e siècle quand l'Allgäu revint à la Bavière. L'église d'abbaye St. Lorenz, reconstruite en 1652, fut un des premiers édifices religieux de style baroque en Bavière.

Zu den beliebten Sommertouren trainierter Wanderer gehört der Abstieg vom 2224 Meter hohen Nebelhorn zum Seealpsee – einem von 39 Allgäuer Alpenseen – und weiter in Richtung Oytal und Oberstdorf, dem höchstgelegenen Markt Deutschlands. Touristen kamen bereits um 1850 hierher, doch 1856 brannte fast ganz Oberstdorf ab und so begann der Fremdenverkehr erst um 1870. Statt der damals fünfhundert zählt man jetzt jährlich mehr als zwei Millionen Übernachtenden.

Here we see a favourite summertime haunt of experienced walkers. A path leads down from the 2,224 metre-high Nebelhorn to the Seealpsee, one of 39 lakes in the Allgäu Alps, and leads on to Oytal and Oberstdorf, which boasts the highest market in Germany. Visitors arrived in this area as early as 1850, but Oberstdorf was almost entirely destroyed by fire in 1856, halting the approach of the tourist industry till 1870. Then, the visitors numbered under 500 a year; now Oberstdorf plays host to over 2 million visitors annually.

Une des excursions préférées des randonneurs sportifs est l'ascension du massif du Nebelhorn haut de 2224 mètres jusqu'au lac de Seealp, un des 39 lacs alpins de l'Allgäu. Le trajet se poursuit ensuite vers Oytal et Oberstdorf, le plus haut bourg d'Allemagne. Les vacanciers fréquentaient déjà la station d'été et d'hiver en 1850 jusqu'à ce qu'un incendie la détruise presque entièrement en 1856. Le tourisme reprit en 1870. Aujourd'hui, on compte plus de 2 millions de nuits au lieu des 500 d'autrefois.

Der Name ist eigentlich paradox, denn die „breite Ache" ist in Wirklichkeit ein ganz eng und ganz tief ins Gebirge eingeschnittenes Tal. Die nahezu zwei Kilometer lange Schlucht ist freilich gut zu begehen, seit Anfang des Jahrhunderts Weg und Steg gelegt wurden. Die Wanderung lohnt mit grandiosen Wasserspielen, etwa wenn der Kornauerbach über eine hohe Wand donnernd in die Breitach stürzt. – Den Weg vom Nebelhorn ins Tal können Mutige auch fliegend zurücklegen.

The name Breitachklamm is misleading, for the "wide Ache ravine" is in fact an extremely narrow valley that cuts deep into the mountain rock. The gorge, nearly two kilometres long, is not difficult to negotiate, for at the beginning of the century a pathway was laid out along its length. Walkers here are rewarded with a number of waterfalls like that of the Kornauerbach, which plunges spectacularly over a high cliff and thunders down to the Breitach. – The really adventurous reach the valley below the Nebelhorn by hang-glider.

Le nom est paradoxal car la «breite Ache» (large Ache) est en fait une vallée étroite profondément découpée dans la montagne. Le ravin long de deux kilomètres est toutefois praticable depuis que des sentiers y ont été tracés au début du siècle. Tout au long de la randonnée, on peut admirer des jeux d'eau grandioses telle la chute du torrent Kornauerbach qui, d'une haute paroi rocheuse, se précipite dans la Breitach. Les téméraires peuvent aussi descendre du Nebelhorn dans la vallée en deltaplane.

Von Hindelang führt die Jochstraße mit 106 Kehren hinauf nach Oberjoch, in Richtung Iseler. Das Gebiet um den 1875 Meter hohen Berg ist ein traditionsreiches Skigebiet. – Der Allgäuer Höhenluftkurort PFRONTEN ist in Wirklichkeit eine Reihung von dreizehn Ortschaften. Durch das sieben Kilometer lange Tal, in dem dieses Pfronten liegt, führte schon eine Römerstraße. – NESSELWANG unter der Alpspitze ist durch seine vielen Wanderwege, durch Skipisten und die Produktion feinmechanischer Geräte bekannt.

There are no less than 106 hairpin bends in the road that meanders upwards from Hindelang to Oberjoch, in the direction of the Iseler. The countryside around this 1,875 metre-high mountain is a long-established skiing area. – The health resort of PFRONTEN, in the Allgäu, is in fact a row of thirteen villages scattered along a valley seven kilometres long; there was a road here as far back as Roman times. – NESSELWANG, below the Alpspitze, is known for its excellent walking country, its ski slopes and its precision tools.

La route de Joch qui grimpe entre Hindelang et Oberjoch en direction d'Iseler décrit 106 virages. La région autour du massif haut de 1875 mètres est bien connue des amateurs de sports d'hiver. – La station climatique de PFRONTEN dans l'Allgäu est en réalité une agglomération de treize bourgades. Une voie romaine traversait déjà la vallée longue de sept kilomètres dans laquelle est située Pfronten. – NESSELWANG à 900 mètres d'altitude est connue pour ses belles promenades, ses pistes de ski et ses appareils de précision.

Das weithin sichtbare Wahrzeichen Füssens ist das ab 1291 erbaute Hohe Schloß. Bereits im Jahre 746 hatte der St. Gallener Benediktinermönch Sankt Mang unter dem Berg ein Kloster gegründet. Neben diesem entstand später die Stadt. - Seitab von Füssen, hoch über der Pöllatschlucht, ließ sich König Ludwig II. von 1868 an „im alten Styl der deutschen Ritterburgen" sein Märchenschloß Neuschwanstein bauen. Heute ist es mit mehr als einer Million Besucher im Jahr eine der größten Attraktionen Deutschlands.

The Hohe Schloss of Füssen, dating in parts from 1291, is a landmark that is visible for miles. The town traces its beginnings to St Magnus, or Mang, an 8th century Irish monk from the abbey of St. Gallen who founded a monastery at the foot of the castle hill. – Near Füssen, on a spot high above the Pöllatschlucht, King Ludwig II started to build his fairytale Neuschwanstein in 1868, supposedly modelled on knights' castles of old. Neuschwanstein, one of Germany's greatest tourist attractions, has over a million visitors a year.

Le château dit Hohe Schloss construit à partir de 1291 est le symbole de la station de sports d'hiver Füssen. En 746, le moine bénédictin Sankt Mang de la congrégation de St. Gallen avait déjà fondé un cloître au pied de la montagne. – A l'écart de Füssen, sur un rocher dominant la gorge de la Pöllat, le roi Louis II de Bavière fit construire, dans «le style ancien des chevaliers allemands» le château de contes Neuschwanstein. L'extraordinaire édifice, bâti à partir de 1868, attire chaque année plus d'un million de visiteurs.

Mitten im Pfaffenwinkel mit all seiner barocken Vielfalt liegt das alte Klosterdorf Wessobrunn, von wo einst hunderte von Stukkateuren in alle Welt hinauszogen (und bis nach Petersburg kamen). Johann Schmuzer, Angehöriger einer der berühmtesten Wessobrunner Künstlerfamilien, hat bei Schwangau seine Vielseitigkeit gezeigt, als er 1671 nicht nur die frühbarocke St. Colomanskirche baute, sondern gleich auch noch den Altar schuf und den Kirchenraum mit Stuck versah.

In the centre of the Pfaffenwinkel area, famed for its great number of Baroque treasures, stands the old monastery of Wessobrunn, which at one time produced a whole school of stucco artists. Hundreds of them left here and carried their art far and wide, as far away as Petersburg in Russia. Johann Schmuzer, a member of one of the most illustrious of Wessobrunn's artist families, displayed his many talents when commissioned to design this early Baroque church of St Coloman, near Schwangau, complete with altar and stucco work.

L'ancien village d'abbaye Wessobrunn, qui autrefois avait une véritable école de stucateurs, se niche au centre du Pfaffenwinkel, une contrée aux multiples trésors baroques. Johann Schmuzer, membre d'une famille d'artistes réputée de Wessobrunn, démontra ses multiples talents quand il édifia en 1671 près de Schwangau, l'église de pèlerinage St. Coloman. Il construisit aussi son autel et décora l'intérieur de l'édifice de magnifiques stucs.

Der Sängersaal mit den Bildern zur Parzival-Sage ist dem Sängersaal auf der Wartburg nachempfunden. König Ludwig hatte die Burg 1867 besucht. Ebenso wie die Opernwelt Richard Wagners übte sie auf seine Burgenplanung großen Einfluß aus. Für den Bau und die Ausstattung des Schlosses (das nicht vollendet wurde) gab Ludwig II. zwischen 1869 und 1886 etwas mehr als sechs Millionen Mark aus. Am 10. Juni 1886, morgens um vier, wurde der König auf Schloß Neuschwanstein gefangengenommen. Am 13. Juni war er tot.

The minstrels' hall, with its murals of the Parsival legend, was built with the minstrels' hall of the Wartburg (Thuringia) in mind. Ludwig's plans for Neuschwanstein were greatly influenced by his visit to the Wartburg in 1867, and of course by the romantic world depicted in Wagner's operas. Although Neuschwanstein was never completed, Ludwig spent more than six million marks on the building and furnishings between 1869 and 1886. Finally he was considered unfit to govern and arrested on June 10th, 1886. Three days later he was dead.

La Sängersaal (salle des chanteurs) avec des scènes de la légende de Parsifal, est imitée de la salle du même nom de la Wartburg que Louis II avait visitée en 1867. Outre la forteresse, les opéras de Richard Wagner inspirèrent le roi dans la planification du château. Entre1869 et 1886, il dépensa plus de six millions de marks pour la construction et l'aménagement de l'édifice qui ne fut jamais achevé. Le 10 juin 1886, à quatre heures du matin, il était arrêté à Neuschwanstein et le 13 juin, il mourait au château de Berg ou il avait été interné.

Um die Schnitzfigur des gegeißelten Heiland lies die Lorybäurin eine kleine Holzkapelle zimmern. Als sich ein Wunder ereignete und Gläubige zur Kapelle auf der Wiese pilgerten, beauftragte der Abt des Klosters Steingaden den Landsberger Baumeister und Bürgermeister Dominicus Zimmermann, ein festes Gotteshaus zu errichten, 1754 wurde es geweiht. Die Kosten waren so hoch, daß der Abt abdanken mußte. Erst spät erkannte man, daß Zimmermann mit dieser Kirche ein Rokokojuwel geschaffen hat.

In a lonely wooden chapel near Steingaden, there once stood a carving of the scourged figure of Christ. A miracle occurred; the figure shed tears, and pilgrims streamed to the remote chapel in the meadow. The abbot of Steingaden commissioned Dominicus Zimmermann to design a church for the site and in 1754 Wieskirche was consecrated, though the cost proved so exorbitant that the unfortunate abbot was forced to resign. Wieskirche was Zimmermann's last great work, but only later was it realised what a jewel of Rococo art he had created.

Une paysanne fit construire une petite chapelle de bois pour abriter une statue du Christ flagelle. Quand un miracle se produisit, attirant des pèlerins à la chapelle dans les prés, le supérieur de l'abbaye de Steingaden demanda à l'architecte et bourgmestre de Landsberg, Dominicus Zimmermann, de construire une maison de Dieu en pierre. L'église de pèlerinage fut consacrée en 1754. Elle avait coûté si cher que l'abbé dut se retirer. Beaucoup plus tard, on reconnut que Zimmermann avait créé un joyau de l'art rococo.

An Stelle eines einfachen alten Jagdhauses ließ sich König Ludwig II. seitab von Ettal, im Graswangtal zwischen 1870 und 1878 ein in den äußeren Dimensionen nicht sehr großes Schloß errichten. Dieser ganz unzeitgemäße, im Rokokostil der Bourbonenkönige errichtete Bau wurde mit einem 50 Hektar großen Park umgeben. Zu den Sehenswürdigkeiten des üppig ausgestatteten Gebäudes gehört das Tischlein-Deck-Dich. Im Park die künstlich angelegte Venusgrotte und eine hohe Fontäne.

Ludwig II of Bavaria built Linderhof, in its 120-acre park, between 1870 and 1878, on the site of his own humble hunting lodge. Linderhof, in the Graswang valley near Ettal, is a compact palace from the outside, designed in florid Rococo style in memory of Ludwig's favourite Bourbon kings. Among the sights of the exotically furnished interior is a dining table that could be lowered through the floor so that Ludwig could avoid the presence of servants. The chief attractions of the park are the artificial grotto and the 100 ft high fountain.

Dans la vallée de Graswang, près d'Ettal, Louis II fit construire un château petit mais fastueux, sur l'emplacement d'un ancien pavillon de chasse. L'édifice anachronique érigé entre 1870 et 1878 dans le style rococo des rois Bourbons, a un aménagement intérieur somptueux. La Chambre à Coucher est décorée de scènes de la vie à la cour du Roi-Soleil et le Cabinet Mauve a des pastels représentant le roi Louis XV et ses proches. Dans le parc de 50 hectares, on peut admirer la Grotte de Venus artificielle et de magnifiques jets d'eau.

Bei der Rückkehr von der Kaiserkrönung in Rom führte Ludwig der Bayer ein kleines Marmorstandbild der Madonna mit sich. Als er 1330 bei Ettal wieder bayerischen Boden betrat, stiftete er aus Dankbarkeit ein Kloster. Seine heutige Gestalt erhielt diese Kirche mit der großen, von Enrico Zuccalli entworfenen Kuppel im Jahre 1744. – Im nahen Dorf Oberammergau wird von den Einwohnern, einem Gelübde von 1634 folgend, im Zehnjahresabstand die Leidensgeschichte Christi gespielt.

When King Ludwig the Bavarian returned from Rome, having been crowned as Holy Roman Emperor, he carried with him a small marble statue of the Virgin Mary. He entered Bavaria in 1330 near Ettal, and in gratitude founded a monastery there; his statue of Mary now graces the high altar. The building took its final form in 1744, when a great cupola, designed by Enrico Zucalli, was added to the church. – The people of nearby Oberammergau, saved from a plague, took a vow in 1634 and have since performed their Passion Play every 10 years.

Louis le Bavarois avait sur lui une statuette en marbre de la Madonne durant son voyage de retour du couronnement impérial à Rome. Quand il foula de nouveau le sol bavarois à Ettal en 1330, il fonda une abbaye en signe de gratitude. L'église avec son dôme imposant fut transformée dans le style baroque par Enrico Zuccalli en 1744. – Dans le village voisin d'Oberammergau, la représentation du grand drame de la passion qui a lieu tous les dix ans est la conséquence d'un vœu solennel fait par les habitants du village en 1634.

Niemand kann bezweifeln, daß die Zugspitze mit 2963 Metern Deutschlands höchster Berg ist. Und doch enthält dieser Satz nur die halbe Wahrheit, da der Berg in Wirklichkeit zwei Ländern gehört über den Gipfel – nur 37 Meter unter der 3000er Marke – verläuft nämlich die Grenze zwischen Deutschland und Österreich. Am Fuße des 1820 erstmals bestiegenen Berges liegt Garmisch-Partenkirchen, ehemals Wohnort von Richard Strauss und berühmt geworden als Austragungsort der Winterolympiade 1936.

No-one doubts that the 2,963 metre Zugspitze is the highest mountain in Germany. Nevertheless, this is still a half-truth. The mountain actually belongs to two countries, for the border between Austria and Germany runs directly over the peak, just 37 metres away from a dizzying 3,000 metres. The mountain was first conquered in 1820. At its foot lies the busy town of Garmisch-Partenkirchen, home of Richard Strauss, who died here in 1949. Garmisch-Partenkirchen achieved a new fame when it was chosen for the Winter Olympics of 1936.

Tout le monde sait que la Zugspitze, haut de 2963 mètres, est le massif culminant de l'Allemagne. Ce n'est pourtant qu'une demi-vérité car le massif appartient à deux pays: la frontière entre l'Allemagne et l'Autriche court le long de son pic. Au pied de la montagne escaladée pour la première fois en 1820, s'étend Garmisch-Partenkirchen, ancien domicile de Richard Strauss et célèbre station de sports d'hiver depuis les jeux olympiques d'hiver de 1936.

Das Leben auf den Almen, den in Höhen zwischen 1000 und 1900 Metern liegenden Weiden, ist neben dem jägerischen Leben eines der großen Themen der alpenländischen Volksmusik. Was sich zwischen dem Auftrieb im Frühjahr und dem Abtrieb im Herbst abspielt, hat die Phantasie der in tieferen Regionen Wohnenden immer wieder beschäftigt. Die Vorstellungen vom Almalltag der Sennerinnen und den bei ihnen einkehrenden Wildschützen ist in dem Satz „Auf der Alm da gibt's koa Sund" sprichwörtlich geworden.

Alpine folk music has two principal themes: the life of the hunter and the life of those who live on the Alm, which is the Alpine pasture-land that lies between 1,000 and 1,900 metres above sea level. Herds of pretty Alpine cattle, with their sonorous bells, are driven up to the Alm in May and return to the valleys when autumn comes. For those who live in lower regions, life on the pastures of the Alm has always held an extraordinary fascination.

La vie sur les alpages, les pâturages qui s'étendent entre 1000 et 1900 mètres d'altitude et la vie des chasseurs sont les deux grands thèmes de la musique folklorique de la région. Ce qui se passe dans la montagne, pendant la période de transhumance, entre le printemps et l'automne, a toujours enfiévré l'imagination des habitants des vallées. Ce qu'on se figure de la vie montagnarde des vachères et des braconniers est contenue dans cette phrase d'une chanson: «sur l'alpage, il n'y a pas de péché...»

Im Jahre 1874 veröffentlichte der große Alpinist Hermann von Barth sein Buch über die Wanderungen in den Nördlichen Kalkalpen. Er nannte den zwei Quadratkilometer großen Eibsee eine Perle und rühmte seine waldumrahmte, tief azurblaue Fläche, die vielgewundenen Ufer gesäumt von hell meergrünem Bande, ein grüner Ring um jede seiner Felseninseln. In unserem Jahrhundert fanden auf dem über dem Dorf Grainau gelegenen Eibsee häufig Rennen für Motorräder und Autos statt.

In 1874 the great Alpine explorer Hermann von Barth published a book about his travels among the limestone mountains of the Alps. He described the Eibsee, four square kilometres in area, as a "pearl", praising its forest-encircled, deep azure surface; the serpentine curves of its shoreline are edged by emerald bands and each of its rocky islands is girdled with green in our century. The silence of the Eibsee has been broken by motor and motor-cycle races, which take place on the surface of the frozen lake in winter.

En 1874, le grand alpiniste Hermann von Barth publiait un ouvrage sur ses randonnées dans le nord des Alpes calcaires. Il appela «perle» le lac d'Eibsee à la superficie de deux km2 et le décrivit ainsi: «sa surface d'un bleu d'azur profond est entourée de forêts, ses rivages sinueux sont parsemés de cordons émeraude, des cercles verts entourent chacune de ses îles rocheuses.» A notre siècle, des courses de motos et de voitures se sont souvent déroulées autour de l'Eibsee situé au-dessus du village de Grainau.

Wer weiß, ob die drei Männer ohne den Lehrer Vogl aus Bayrischzell so gemütlich hier in einem Biergarten säßen. Denn 1883 hat Vogl zusammen mit fünf jungen Burschen den „Verein zur Erhaltung der Volkstracht" gegründet. Dieser Verein aber steht am Anfang der Wiederbelebung der bayerischen Tracht, die zuerst nach dem Miesbach-Vorbild geschneidert war. Aus einem sind inzwischen hunderte von Trachtenvereinen geworden. Dirndl, Lederhose und Trachtenjanker werden inzwischen nicht mehr nur im Oberland getragen.

Nowadays we take it for granted that these three jolly Bavarians relax in their traditional costumes in a beer garden, but without a teacher named Vogl from Bayrischzell, things might have been different. In 1883, Vogl and five other young men founded a Society for the Preservation of National Dress. This society only marked the beginning of the movement to revive traditional, costumes; soon there were hundreds of such societies and the dirndl, leather trousers and characteristic jacket are now familiar sights all over Bavaria.

Sans l'instituteur Vogl, les trois hommes ne boiraient certainement pas leur bière dans ces habits. En effet, Vogl et cinq de ses amis fondèrent en 1883 «la société pour la conservation du costume national». Cette entreprise marquait le renouveau du costume bavarois qui eut d'abord comme modèle celui du village de Miesbach. Aujourd'hui, il existe plus d'une centaine de ces associations. Le port du costume féminin dirndl, de la culotte de cuir et de la veste bavaroise a dépassé les frontières de la région.

Zu einem Trachtenumzug – und wieviele gibt es nicht im Laufe eines Jahres! – gehört natürlich auch die Blasmusik. Sehr viel bayerischer als sie ist freilich eine Musik, die daheim gemacht wird, die „Stubenmusi". Ihre Instrumente sind zumeist Zither, Hackbrett und Ziehharmonika. So wie Lehrer Vogl die Tracht, haben Professor Huber sowie der Kiem Pauli und sein Nachfolger, der Fanderl Wastl vor allem mit Hilfe des Bayerischen Rundfunks von 1930 an die Volksmusik neu belebt.

A brass band in traditional dress is an indispensable part of any German Trachtenumzug, or costume parade. There are endless such parades in Bavaria during the year, although the musical accompaniment is not, strictly speaking, typically Bavarian. "Stubenmusi", the characteristic folk music of the area, is played in the home, using the zither, dulcimer and concertina. The revival of true Bavarian folk music started in 1930, much encouraged by the work of Professor Huber and the Bavarian radio service Bayerischer Rundfunk.

La musique d'instruments à vent accompagne toujours les nombreux défilés de costumes folkloriques. Plus bavaroise encore est la musique que l'on joue chez soi. Les instruments utilisés sont la cithare, le tympanon et l'accordéon. Comme l'instituteur Vogl avec le costume, le professeur Huber, le musicien Kiem Pauli et son successeur le «Fanderl Wastl» ont, avec l'aide de la radiodiffusion bavaroise, apporté un nouvel essor à la musique populaire à partir de 1930.

Schon seit den Römertagen brachte die Straße von Italien Handelsleute in den Ort „mitten im Scharnitzwald". Als die Venezianer 1485 ihren Markt von Bozen hierher verlegten, belebte sich das Geschäft. Dafür, daß es auch nach der Aufhebung dieses Marktes 1679 gut weiterging, sorgte der 1653 geborene Matthias Klotz. Er hatte in Cremona bei Amati gelernt und führte nach der Rückkehr in seinem Heimatort den Geigenbau ein. Heute leben die Mittenwälder vor allem vom Fremdenverkehr.

A trade route from Italy has passed through Mittenwald – the middle of the wood – since Roman times and its influence here has been inestimable. The Venetians transferred their trading station from Bozen to Mittenwald from 1485 to 1679, but even after their withdrawal, business did not flag, for in the 17th century, Matthias Klotz, a violin-maker who had learned his trade from Amati in Cremona, introduced the craft to his home town, making Mittenwald a byword for all string players. Today tourists provide the chief source of income.

Depuis l'époque romaine, la route venant d'Italie amenait des commerçants dans cette localité «au milieu du Scharnitzwald». Les affaires prospérèrent à partir de 1485 quand les Vénitiens y transférèrent leur marché de Bozen. A leur départ en 1679, le bourg ne perdit pas sa situation florissante grâce à Matthias Klotz né en 1653. Il avait été élevé d'Amati à Crémone et rapporta la fabrication de violons dans son pays. Aujourd'hui, Mittenwald vit surtout du tourisme.

Das Isartal bei Mittenwald trennt die Gebirgsmassive; im Westen liegt das Wetterstein – im Osten das Karwendelgebirge mit der 2384 Meter hohen Karwendelspitze. Aus diesem Gebirge, vom Halleranger, kommt die Isar, bei Scharnitz wendet sie sich nach Norden, um Mittenwald und München zuzufließen. Das Karwendel ist ein berühmtes Revier für Kletterer. Aber natürlich finden auch Skifahrer im Werdenfelser Land, zu dem auch Garmisch und Mittenwald gehören, vorbereitete Pisten.

Mittenwald is set in the valley of the Isar, which divides two mountains chains the Wetterstein range to the west and the Karwendel to the east. The highest point of the latter is the 2,384-metre-high Karwendelspitze. The Isar originates in the Halleranger, then turns north at Scharnitz to flow towards Mittenwald and Munich. Mittenwald, now a health and sport resort, lies immediately below the Karwendel range, which is a favourite area for mountain Climbers. Fine ski slopes are also to be found throughout this region.

La vallée de l'Isar près de Mittenwald sépare la montagne. Le Wetterstein se dresse à l'ouest et le Karwendelgebirge avec son pic de 2384 mètres de hauteur s'éleve à l'est. L'Isar vient de cette montagne, se dirige vers le nord près de Scharnitz pour couler vers Mittenwald et Munich. Le Karwendel est une région bien connue des alpinistes. Mais les skieurs trouveront aussi des pistes admirables dans cette contrée du Werdenfels dont Garmisch et Mittenwald font partie.

Daß 138 Meter unter dem Walchensee ein weiterer See liegt, ist Oskar von Miller so lange nicht aus dem Kopf gegangen, bis ihm die Regierung 1918 die Erlaubnis gab, ein Kraftwerk zu bauen. Seit 1924 schießt nun das Wasser in dicken Rohren aus dem 16,7 qkm großen Walchensee hinab in den 6,5 qkm großen Kochelsee und treibt die Stromgeneratoren. Oben am See hatte sich Lovis Corinth einst ein Haus gebaut. Seine Walchenseebilder gehören zu den bedeutenden Spätwerken dieses Meisters.

138 metres below the Walchensee, there lies another lake. At the beginning of the century, a certain Oskar von Miller became obsessed by the idea of building a hydroelectric station here. In 1918 he obtained official permission for his project, which was completed in 1924. Since then water has been piped from the Walchensee down to the much smaller Kochelsee to drive the generators. The painter Lovis Corinth (1858-1925) had a house beside the Walchensee for some time, and his paintings of the lake are among his best late work.

Oskar von Miller voulait absolument utiliser la dénivellation de 138 mètres entre les lacs de Walchensee et de Kochelsee et en 1918, il obtint la permission du gouvernement de construire une usine hydroélectrique. Depuis 1924, l'eau du Walchensee à la superficie de 16,7 km^2 se précipite par de grosses conduites dans le lac de Kochelsee vaste de 6,5 km^2. Le peintre Lovis Corinth se fit construire une maison sur les rives du lac. Les tableaux du Walchensee font partie de ses œuvres tardives les plus significantes.

Eine elegant geschwungene Brücke fuhrt über einen langgezogenen, schmalen See, den es erst seit 1963 gibt. Da auf die Isar vor allem seit dem Bau des Walchensee-Kraftwerks kein rechter Verlaß mehr war – mal war sie ein Rinnsal, dann wieder ein reißender Fluß – schuf man einen Auffang- und Speichersee, der je nach Füllung zwischen einem und sieben Quadratkilometer groß ist. Im Sylvenstein Stausee ist jenes Dorf Fall versunken, das durch Ganghofers Roman „Der Jäger von Fall" berühmt geworden war.

The long narrow reservoir with its elegant arched bridge dates from 1963. The hydro-electric plant on the Walchensee (previous photo) had affected the flow to the Isar, which varied from a mere trickle to a raging torrent. The water supply was finally regulated by building this reservoir, with an area of between one and seven square kilometres, according to season. Beneath its waters lies the village of Fall, which the once best-selling author Ludwig Ganghofer (1855-1920) made famous in his romantic novel "The Hunter of Fall".

Un pont aux courbes élégantes franchit un long lac étroit qui n'existe que depuis 1963. Comme le cours de l'Isar n'était plus régulier – le lit du fleuve était soit à sec, soit trop gonflé d'eau depuis la construction de l'usine de Walchensee – on créa un lac de barrage devant servir de réservoir et dont la superficie est de un à sept km² suivant les remplissages. Un village rendu célèbre par un roman de Ganghofer est englouti dans le lac artificiel du barrage de Sylvenstein.

Viel hat die Stadt dem Architekten Gabriel von Seidl zu danken, der die Häuser an der Marktstraße restaurierte und Tölz damit sein unverwechselbares Gesicht gab. Durch diese Straße, von der Isar bergaufwärts, fahren alljährlich am 6. November die geschmückten Pferdefuhrwerke der Leonhardifahrt. Ziel der Wallfahrer ist der über der Stadt gelegene Kalvarienberg mit der Kirche von 1715, die an diesem Tag mit einer eisernen Kette umspannt wird.

The present-day appearance of the centre of Bad Tölz is mainly due to the efforts of the architect Gabriel von Seidl, who undertook the restoration of the house in Marktstrasse. Along this street, which leads uphill from the Isar, horses draw decorated wagons as part of the St Leonard celebrations on November 6th. The procession wends its way up to Calvary Hill, above the town, past the Stations of the Cross to the simple Chapel of St Leonard, dating from 1718, which is encompassed by an iron chain for the occasion.

La ville de Tölz doit beaucoup à l'architecte Gabriel von Seidl qui restaura les maisons de la rue du marché, lui donnant ainsi un cachet unique. Chaque année, le 6 novembre, fête de St. Léonard, une curieuse procession à cheval remonte cette rue qui part de l'Isar. Le but de pèlerinage est le calvaire situé sur une colline au-dessus de la ville. L'église de 1715 qui s'y dresse est entourée d'une chaîne de fer durant ce jour.

Zehn Jahre vor Erbauung dieser Kapelle wurde in Tölz die Entscheidung getroffen, daß die Oberländer Bauern gegen das von Österreichern besetzte München ziehen sollten. In der „Sendlinger Bauernschlacht" trafen die beiden ungleichen Heere aufeinander, die Oberländer wurden gnadenlos niedergemetzelt. Im Jahre 1845 wurde bei Tölz eine Jodschwefelquelle entdeckt, weitere Quellen kamen hinzu, 1857 entstand ein eigenes Badehaus und seit 1899 heißt der Ort Bad Tölz.

Ten years before the chapel was built, the peasants of the Oberland met in Tölz and decided to band together to march on Munich, which at that time lay in Austrian hands. The two ill-matched forces clashed in the battle of Sendlingen, with the foreseeable result that the ill-equipped peasants were ruthlessly slaughtered by the Austrian troops. In 1845, a sulphur and iodine spring was discovered in Tölz, the first of many. Medicinal baths were built in 1857, and in 1899 the town became Bad Tölz, a recognized health resort.

Dix années avant la construction de la chapelle, Tölz fut le lieu d'une grave résolution: les paysans du haut pays décidèrent de marcher sur Munich occupée par les Autrichiens. Les deux armées inégales s'affrontèrent dans «la jacquerie de Sendling» au cours de laquelle les paysans furent impitoyablement terrassés. En 1845, une source iodurée et sulfureuse était découverte à Tölz. D'autres suivirent et un établissement thermal fut érigé en 1857. La localité s'appelle Bad Tölz (Tölz-les-Bains) depuis 1899.

Zu den (übrigens nicht ganz billigen) Münchner Sommervergnügen gehören die Floßfahrten isarabwärts. Mit Bier und Dixieland geht es dabei in fünf bis sieben Stunden von Wolfratshausen bis zur Floßlände in München-Thalkirchen. Früher waren die Flöße – eigentlich dazu bestimmt, die Baumstämme aus den bayerischen Bergen abzutransportieren – auch reguläre Verkehrsmittel, auf denen man von Tölz bis Wien und Budapest reisen konnte. Vergnügungsfahrten auf Flößen gibt es heute auch auf der Wilden Rodach in Oberfranken.

A diverting, if not exactly cheap, way of cruising down the Munich reaches of the river Isar in summer is to negotiate it by raft. It takes from five to seven hours to get from Wolfratshausen to the landing stage in the suburb of Thalkirchen, with plenty of beer and Dixieland jazz to while the time away. The original purpose of these huge rafts was to transport tree trunks down river from the Bavarian hills; later the rafts were actually used as a regular means of transport, carrying passengers from Tölz as far as Vienna and Budapest.

Un des divertissements d'éte des Munichois est la descente de l'Isar en radeau. Agrémenté de bière et de musique, le parcours dure de cinq à sept heures, depuis Wolfratshausen jusqu'à Munich-Thalkirchen. Autrefois les radeaux servaient à descendre les troncs de bois des montagnes bavaroises et étaient aussi des moyens de transports publics avec lesquels on pouvait aller de Tölz à Vienne ou Budapest. Aujourd'hui, on peut aussi effectuer des trajets en radeau sur la Wilde Rodach en Haute-Franconie.

Im Sommer gehört der 58 qkm große Starnberger See den Schwimmern, Seglern und Surfern aus der nahen Großstadt. Münchner Patrizier hatten sich schon im Mittelalter hier niedergelassen und vor allem Kurfürst Ferdinand Maria kam immer in sein am See gelegenes Schloß, um von hier aus zu jagen oder auf seinem Luxusschiff „Bucentaur" zu feiern. Vor Schloß Berg, im Starnberger See, fand König Ludwig II. 1886 einen rätselhaften Tod. Am anderen, dem Westufer verlebte Kaiserin Sisi in Schloß Possenhofen ihre Kindheit.

In summer, the 58 sq.km of the lake seem to be taken over entirely by swimmers, windsurfers and sailors from nearby Munich. Even the medieval patricians of Munich made their homes here; the 17 th century Elector Ferdinand built a palace on its shores so that he could go hunting or carouse on his luxurious ship the "Bucentaur". Near the castle Berg, a cross marks the spot where Ludwig II drowned in strange circumstances in 1886. In the castle of Possenhofen on the west bank, the beautiful Elizabeth, Empress of Austria, spent her youth.

En été, le lac de Starnberg de 58 km^2 appartient aux nageurs, aux amateurs de surf et de voile de la métropole voisine. Au Moyen Age déjà, les patriciens munichois avaient découvert les rives du lac. Le prince-électeur Ferdinand-Marie y fit de fréquents séjours dans son château bâti au bord de l'eau ou sur son luxueux yacht «Bucentaur». Devant le château de Berg, Louis II trouva une mort mystérieuse dans le lac en 1886. Et c'est sur la rive ouest, au château de Possenhofen, que l'impératrice Sisi vécut son enfance.

Das alte Weilheim – 1010 als Wilhaim erstmals genannt – ist die Hauptstadt jenes Pfaffenwinkels, den Johann Andreas Schmeller in seinem „Bayerischen Wörterbuch" so definierte: „Die ganze Gegend vor dem Gebirg, die ehemals mehr als andere mit Kloster des ersten Ranges gesegnet war." Zu diesen Klostern gehörten Rottenbuch, Steingaden, Wessobrunn, Dießen, Andechs und das auf Sichtweite vor Weilheim liegende Polling, über dessen Portal das oft zitierte, viel gedeutete Motto „Liberalitas Bavarica" steht.

The first reference to Weilheim, main town of the Pfaffenwinkel area, occurs in 1010; it was then called Wilhaim. In Johann Schmeller's Bavarian Dictionary (1837) he defines the Pfaffenwinkel as "the whole area before the mountains, blessed more than any other with monasteries of a superior kind". Among these religious foundations are Rottenbuch, Steingaden, Wessobrunn, Diessen, Andechs and also Polling, south of Weilheim. A much-quoted, much-disputed inscription over the portal at Polling reads "Liberalitas Bavarica".

La vieille ville de Weilheim, mentionnée pour la première fois en 1010, est la plus grande localité de l'endroit nommé «Pfaffenwinkel» que Johann Andreas Schmeller définit ainsi dans son «Dictionnaire bavarois»: «toute la région devant la montagne est comme nulle autre parsemée de cloîtres admirables.» Ces cloîtres s'appellent Rottenbuch, Steingaden, Wessobrunn, Diessen, Andechs. Aux portes de Weilheim se dresse l'abbaye de Polling dont le portail est surmonté d'une devise souvent citée dans la région: «Liberalitas Bavarica».

Als im April 1965 der erste kommerzielle Satellit „Early Bird" in 36000 km Höhe postiert war und den Telefon- sowie den Fernsehkontakt zwischen Europa und Amerika erlaubte, war Raisting gerüstet: unter einer Nylonkuppel stand die Antenne sende- und empfangsbereit. Die in einer weiten Mulde südlich des Ammersees errichtete Erdefunkstelle ist inzwischen mit Raisting II und Raisting III (die beide keine Nylonhülle mehr brauchen) zur größten Erdefunkstelle der Welt ausgebaut.

In April 1965, Early Bird, the first commercial satellite, was launched to cruise at a height of 36,000 kilometres and for the first time it became possible for Europe and America to make direct contact by television and telephone. It was the aerial at Raisting, carefully sheathed in a nylon cover, that was equipped to receive and relay Early Bird's signals. Beside Raisting I now stand Raisting II and III, making this hollow near the Ammersee the largest telecommunications station in the world, and no longer in need of nylon covers.

Quand en 1965 le premier satellite commercial «Early Bird» était placé à 36000 km d'altitude et autorisait les télécommunications entre l'Europe et l'Amérique, Raisting était prêt: une antenne d'émission et de réception se dressait sous une coupole de nylon. Avec Raisting II et Raisting III (qui n'ont plus besoin de couverture de nylon) la station terrienne de radiocommunication érigée dans une autre cuvette au sud du lac d'Ammersee est devenue la plus grande station terrienne de communication du monde.

Früher saßen hier auf dem Berg über dem Ammersee die länderreichen, mächtigen (und doch politisch nicht gar so einflußreichen) Grafen von Andechs-Meranien. Das Geschlecht starb aus und um 1450 wurde an Stelle der Burg ein Kloster Andechs errichtet, dessen Kirche nach einem Brand neu gebaut und um 1750 in prachtvollem Rokoko ausgestattet wurde. Neben der Kirche gibt es auf dem „Heiligen Berg", wie's bayerische Sitte ist, ein Wirtshaus. Es ist weithin berühmt und besitzt eine eigene Brauerei.

At one time there was a castle here, on a hill overlooking the Ammersee. It was the home of the richly-landed, mighty Counts of Andechs-Meranien, whose political influence did not match their possessions, for the line had died out by 1450, when the monastery of Andechs was built on the site of their old castle. The monastery church burnt down and was replaced by a superb Rococo church in 1750. Next to the church, in good Bavarian tradition, stands a well-known inn which has the added advantage of serving fine beer from its own brewery.

Autrefois, la montagne au-dessus d'Ammersee était le fief des comtes d'Andechs-Meranien, une famille riche et puissante, mais avec peu d'influence politique. La lignée s'éteignit et en 1450, l'abbaye d'Andechs était bâtie à l'emplacement de l'ancien château. Son église reconstruite après un incendie, fut remaniée dans le style rococo en 1750. Comme c'est la coutume en Bavière, une auberge se dresse sur la «montagne sacrée» à coté de l'église. Elle est très réputée dans la région et possède sa propre brasserie.

Nach Chiemsee und Starnberger See ist der Ammersee mit einer Fläche von 48 qkm Bayerns drittgrößtes Gewässer. Wer ihn erleben und kennenlernen will, kann mit dem 1908 in Dienst gestellten Schaufelraddampfer „Dießen" von einem Ufer zum anderen kreuzen oder einen Teil der insgesamt 42 km langen Küste entlangfahren. An seiner tiefsten Stelle ist der Ammersee (der weniger mondän ist als der Starnberger See oder der Tegernsee) 82 Meter tief. Der Hauptort am See ist Dießen mit seiner Rokokokirche.

The Ammersee, with an area of 48 square kilometres, is the third largest lake in Bavaria after the Chiemsee and the Starnberger See. The best way to see the lake is to use one of the boat services along its 42 kilometre-long shore, or take a trip from one bank to the other on the old paddle steamer, the Diessen, which has been operating since 1908. The Ammersee, normally less frequented than the Starnberger See or Tegernsee, is in parts over 80 metres deep; its main town is Diessen, whose church is a masterpiece of Bavarians Rococo.

Avec une surface de 48 km^2, le lac d'Ammersee occupe la troisième position après les lacs de Chiemsee et de Starnberg. Les visiteurs qui veulent le découvrir peuvent le faire à bord du bateau à vapeur «Diessen» mis en service en 1908. Le navire traverse le lac et longe une partie de ses 42 km de rivages. L'Ammersee (moins mondain que les lacs de Starnberg et de Tegern) a une profondeur maximale de 82 mètres. La localité principale sur ses rives est Diessen avec son église rococo.

men Lori-Boutique Herren
KINDER DAMENMODEN
Spiel+Frei

Die „Landesburc" war von Heinrich dem Löwen zum Schutz der hier den Lech überquerenden Salzstraße errichtet worden. Das Baiertor aus dem 15. Jahrhundert zeigt noch, wie man sich hier einst schützte. Den Stuck der Rathausfassade schuf Domenicus Zimmermann 1718; dreißig Jahre später war er Bürgermeister. – Das über der Amper gelegene 1200jährige DACHAU mit Schloß und Schloßgarten war eine angesehene Malerkolonie. Ludwig Thoma verlebte hier einige entscheidende Jahre. Er hat die Dachauer Bauern unsterblich gemacht.

The 12th century king Henry the Lion built a castle here to defend the salt route where it crossed the river Lech. The Baiertor, a 15th century gateway, is a good example of town defences; the stucco of the town hall facade (1718) is by Domenicus Zimmermann who 30 years later became Burgomaster of Landsberg. – Dachau, 1,200 years old, was once an artist's colony. Ludwig Thoma (1867-1921), editor of the satirical magazine Simplicissimus and author of novels about local peasant life, spent a decisive period of his life here.

Henri le Lion érigea la Feste Landsberg pour protéger la route du sel qui franchissait le Lech. Un vestige de la forteresse détruite par les Français en 1689 est la porte «Baiertor» datant du 15e siècle. Domenicus Zimmermann créa en 1718 les stucs de la façade de l'hôtel de ville où il entrait comme bourgmestre trente années plus tard. Dachau, vieille de 1200 ans s'étend sur la rive droite de l'Amper avec son château entouré d'un parc. La ville a été autrefois très fréquentée des peintres.

Aus Dankbarkeit, daß sie ihm 1662 einen Sohn gebar, schenkte Kurfürst Ferdinand Maria seiner Frau größeren Grundbesitz. Die Beschenkte errichtete darauf ein Sommerschloß im italienischen Stil. Ihr Sohn Kurfürst Max Emanuel baute die Anlage weiter aus und dessen Sohn fügte Neues hinzu. Im großen Park stehen kleine kunstvolle Bauten wie die Baden- oder die Amalienburg. Im Schloß selbst ist die Hauptattraktion für Besucher die Schönheitengalerie König Ludwig I.

In 1662, Elector Ferdinand Maria was so obliged to his wife for bearing him a son that he presented her with a sizeable piece of land. The recipient responded by building an Italianate summer palace on her new property. Ferdinand's son Max Emanuel extended the building, as did his son after him. The result was Nymphenburg, laid out in pleasant parkland with delightful buildings like the Amalienburg hunting lodge, although the 24 portraits in Ludwig I's "Gallery of Beauty" are the main attraction.

Pour la remercier de lui avoir donné un héritier en 1662, le prince-électeur Ferdinand-Marie offrit de vastes terres à son épouse, la princesse Adélaïde de Savoie, qui y fit ériger une résidence d'été dans le style italien. Leur fils Max-Emmanuel et plus tard son petit-fils agrandirent le château. De somptueux pavillons tels l'Amalienburg et le Badenburg se dressent dans l'immense parc de 200 hectares. A l'intérieur du château, la «Galerie des Beautés» du roi Louis I est une attraction principale.

Im Juni 1158 tauchte der Name Münchens erstmals in einer Urkunde auf. Der Kaiser selbst schlichtete einen Streit, bei dem es um Salzgeld ging. Hundert Jahre später ist dieses Munichen bereits Residenzstadt. Zu den bedeutendsten Bauten, mit denen die Stadt geschmückt wurde, gehören der Alte Peter (der wahrscheinlich älter ist als die Stadt) und der Liebfrauendom aus dem 15. Jahrhundert. Das so flämisch und sehr gotisch anmutende Rathaus am Marienplatz entstand erst im späten 19. Jahrhundert.

The name Munich is first recorded in a charter of 1158. Henry the Lion averted a quarrel by changing the route of the salt road and Munich rapidly grew around the point where it crossed the Isar. Within a century Munich had became the residence of the Wittelsbach dynasty. It has many fine buildings, the most outstanding of which are the Alte Peter tower, of a church that is possibly older than Munich itself, the 15th century Liebfrauendom, Munich's cathedral, and the 19th century neo-Gothic town hall.

Le nom de Munich apparaît pour la première fois dans un document datant de juin 1158: l'empereur lui-même arbitra t une querelle concernant la gabelle. Munich devenait déjà résidence un siècle plus tard. Parmi les monuments importants de la ville, citor s l'Alte Peter, sans doute plus ancien encore que la cité et l'église Liebfrauendom du 15e siècle. Bordant Marienplatz le Neues Rathaus, hôtel de ville de style gothique flanqué d'un beffroi au cachet flamand, a été construit beaucoup plus tard, à la fin du 19e siècle.

Die Stadt, die bei Föhn so nahe vor den Bergen aufgebaut erscheint, hat in den letzten Jahrzehnten mancherlei schmückende Beiwörter erhalten: Deutschlands heimliche Hauptstadt, Weltstadt mit Herz, Europas Geliebte . . . Mag vieles daran auch (zu) schmeichelhaft sein, so haben Meinungsforscher doch herausgefunden, daß jeder dritte Bundesbürger in Bayerns Hauptstadt leben möchte. Viele von ihnen können sich den Wunsch wenigstens einmal im Jahr erfüllen und sich unter die sechs Millionen Besucher des Oktoberfestes mischen.

Munich is some 50 km from the Alps, although in certain weather conditions the mountains appear startlingly near. Munich likes to decorate itself with various epithets – Germany's secret capital, a world city with a heart – that may seem overtly flattering, but opinion polls indicate that one in three of West Germany's population would like to live in the Bavarian capital. For those who cannot fulfil their wish, the next best thing is a visit, and about six million people a year stream into Munich for the Oktoberfest week alone.

La ville qui apparaît si proche des montagnes quand le föhn souffle, a reçu quelques qualificatifs flatteurs ces dernières décennies: la capitale secrète de la République fédérale, la métropole avec un cœur, l'amante de l'Europe ... Ces louanges sont peut-être exagérées, elles n'en cachent pas moins une part de verité: un tiers des citoyens allemands aimerait vivre à Munich. Un grand nombre d'entre eux réalisent leur souhait une fois par an en venant à la fête d'octobre qui accueille plus de six millions de visiteurs.

Es gibt in der Nähe etliche Berge die höher sind, und doch ist der Wendelstein mit seinen 1838 Metern der beliebteste (und wahrscheinlich auch noch immer der meistbesungene) Berg der Bayern. Wer ihn – übrigens ohne alpine Schwierigkeiten – ersteigt, muß sich freilich damit abfinden, auf den höchsten Höhen ausgeruhte Touristen zu treffen. Seit 1912 führt nämlich eine Zahnradbahn (die erste Deutschlands) auf den Gipfel; hinzu gekommen ist auch noch eine Großkabinenbahn.

Although there are a number of higher mountains nearby, the Wendelstein, 1,838 metres high, is the Bavarian's favourite and probably most sung-about peak. No Alpine experience is required to reach its summit, although on arriving at the top the walker may wonder at the number of immaculate tourists. The answer is that a rack railway, incidentally the first in Germany, runs all the way up to the peak, not to speak of the more modern giant cable car that does the same. Among the hosts of visitors who use the railway one occasionally sees a bride and

La région a des massifs bien plus grandioses, mais le Wendelstein, haut de 1838 mètres, est sans aucun doute le pic le plus chanté de Bavière. Le randonneur qui en fait l'ascension (plutôt facile) trouvera à son sommet des touristes reposés. Un train électrique à crémaillère construit en 1912 (le premier en Allemagne) et un téléphérique plus récent conduisent en haut de la montagne. Parmi ceux qui empruntent le train, se trouvent souvent des couples qui viennent se marier dans la petite église bâtie en 1889.

Zu denen, die per Bahn den Weg nach oben nehmen, gehören auch immer wieder Brautpaare, die sich in dem 1889 gebauten Kircherl trauen lassen. Neben Sendeanlagen des Bayerischen Rundfunks gibt es auf dem Wendelstein noch ein Sonnenobservatorium und eine Wetterstation. In der Nähe des Berges liegt Birkenstein, eine der liebenswürdigsten und beliebtesten Wallfahrten des Oberlandes. Die erste Kapelle wurde hier bereits 1673 geweiht.

groom, on their way up the mountain to hold their wedding ceremony in this little church dating from 1889. Other buildings have since been erected on the slopes of the Wendelstein, including transmitting installations of Bavarian Radio, a solar observatory and a meteorological station. Not far away stands the church of Birkenstein, one of the most charming and best-loved shrines in the Oberland. The first chapel here was consecrated in 1673; the present Rococo church dates from 1710.

Des postes émetteurs de la radiodiffusion bavaroise, un observatoire et une station météorologique se dressent sur le Wendelstein. Près de la montagne, prétend Birkenstein, un des endroits de pèlerinage les plus pittoresques et les plus fréquentés du haut pays. La première chapelle y fut consacrée en 1673.

Ein paar Jahrzehnte nach dem Kloster Tegernsee wurde um 770 auch an dem nur wenige Luftkilometer entfernten Schliersee ein Kloster gegründet, dessen Kirche nach der Auflösung des Konvents im Jahre 1494 der Münchner Frauenkirche unterstand. Übriggeblieben ist vor allem eine schöne Barockkirche, an deren Ausgestaltung Johann Baptist Zimmermann beteiligt war. – Wer im Ballon nur hoch genug aufsteigt, wird gleichzeitig den Schliersee und den Tegernsee unter sich liegen sehen.

The monastery of Tegernsee is a very early religious foundation, as is Schliersee, not far away as the crow flies. The monastery of Schliersee dates from about 770 and it was finally dissolved in 1494. The church then fell under the aegis of the diocese of Munich, and was splendidly renovated in Baroque style in the early 18th century, partly with the help of Johann Baptist Zimmermann, brother of the more famous Domenicus. – From a sufficient height, balloonists have a bird's eye view of both the Schliersee and the Tegernsee.

Quelques dizaines d'années après l'abbaye de Tegernsee, un autre cloître était fondé en 770 au lac de Schliersee éloigné de quelques kilomètres à vol d'oiseau. Après la dissolution du couvent en 1494, son église fut rattachée à l'église Notre-Dame de Munich. Aujourd'hui, il reste une belle église baroque à laquelle travailla Johann Baptist Zimmermann. – Si l'on monte assez haut en ballon, on peut voir en même temps les lacs de Schliersee et de Tegernsee se dérouler sous ses pieds.

Wie manch andere bayerische Stadt verdankt auch Rosenheim dem Salzhandel seinen frühen Wohlstand. Heute ist die am Inn gelegene Stadt eine florierende Industrie- und Handelsstadt, in der vor allem die Laubengänge und die charakteristischen Innstadt-Fassaden daran erinnern, daß hier der Süden nahe ist. Rosenheims Geschichte begann mit den Römern. An der Kreuzung zweier antiker Fernstraßen bestand bei der Innbrücke die römische Militärstation Pons Aeni.

Like many another Bavarian town, Rosenheim's former wealth arose from its connections with the salt trade. Today this town on the River Inn is a flourishing centre of trade and industry. The town centre, with its leafy walkways and characteristic facades, constantly reminds us of the proximity of the Mediterranean lands. Rosenheim traces its origins to a Roman bridge over the River Inn, erected next to a military post, the Pons Aeni, which stood at the crossroads of two ancient routes.

Comme certaines autres villes bavaroises, Rosenheim doit sa prospérité au commerce du sel. Aujourd'hui, la ville sur l'Inn est une cité industrielle et commerçante florissante dont les arcades de feuillages et les façades caractéristiques du centre ville rappellent que le sud est tout proche. L'histoire de Rosenheim commence lorsque les Romains bâtirent un pont sur l' nn près du castel «Pons Aeni» qui surveillait le carrefour de deux routes marchandes de l'Antiquité.

Auf der Fraueninsel im Chiemsee wurde um 770 ein Kloster der Benediktinerinnen gegründet. Aus den frühen Jahrhunderten sind auf der Fischer- und Malerinsel noch mancherlei Zeugnisse zu finden. An einem stürmischen Frühlingstag des Jahres 1828 landeten auf der Fraueninsel vier Maler, unter ihnen der spätere Akademieprofessor Max Haushofer. Sie entdeckten die Insel als Paradies der damals gerade aufkommenden Freilichtmalerei und lösten dadurch eine Künstler-Invasion aus.

In 770 a Benedictine convent was founded on the Fraueninsel, on Lake Chiemsee, and this Island of fishermen and artists still bears numerous traces of other earlier inhabitants. On a stormy spring day in 1828, four painters landed on the Fraueninsel, among them Max Haushofer, later to become an academy professor. They discovered the Fraueninsel to be a paradise for the then new fashion of outdoor painting, and in their wake there followed a veritable invasion of artists to the isle.

Un couvent de bénédictines fut fondée en 770 sur la Fraueninsel (île des femmes), une des îles du lac de Chiemsee. L'île de pécheurs et de peintres comporte aussi plusieurs monuments pittoresques des temps passés. Un jour de printemps orageux, en 1828, la Fraueninsel vit débarquer 4 peintres dont Max Haushofer qui connaîtrait plus tard la célébrité. Ils découvrirent que l'île était un paradis pour la peinture de plein air qui commençait à naître et furent bientôt suivis d'une invasion d'artistes.

Die Majestät wünschte sich im Gebirge ein Schloß, das an Versailles erinnern und eine Huldigung an Ludwig XIV. von Frankreich sein sollte. Siebzehn Pläne waren gezeichnet und wieder verworfen worden, ehe König Ludwig II. den idealen Bauplatz fand – auf der Insel Herrenchiemsee, die er 1873 kaufte (ehe sie Holzspekulanten in die Hand fiel). Am 21. Mai 1878 wurde der Grundstein gelegt, doch die große dreiflügelige Anlage mit Park und Brunnen wurde nicht mehr vollendet. Der wichtigste Raum ist der Versailles nachempfundene 96 Meter lange Spiegelsaal.

King Ludwig II of Bavaria desired nothing more than a palace in the mountains in honour of Versailles and his favourite monarch, the Sun King Louis XIV. Seventeen futile attempts were made to draw up plans for Ludwig's dream palace, until he eventually found the ideal spot, the Herreninsel in the Chiemsee. He bought the island in 1873 and the foundation stone was laid on May 21st, 1878. Herrenchiemsee has three wings and is set in a great park, but it was never completed. The Hall of Mirrors, 96 metres long, is modelled directly on Versailles.

Sa majesté désirait un château dans les montagnes qui rappellerait Versailles et serait un hommage au roi Louis XIV de France. Dix-sept plans furent dessinés et rejetés avant que le roi Louis II de Bavière ne découvre l'endroit idéal sur l'île de Herrenchiemsee qu'il acheta en 1873. La première pierre était posée le 21 mai 1878, mais l'édifice de trois ailes avec un parc et des fontaines, ne fut jamais achevé. La salle principale est la Galerie des Glaces longue de 96 mètres, construite d'après le modèle de Versailles.

Das Oberland, wie Touristen es lieben: Reit im Winkel an der Deutschen Alpenstraße. – Wenn der Sommer ohne Unfälle vergeht, werden die Kühe vor der Heimkehr in ihre Ställe im Tal festlich aufgeputzt. Berühmt ist vor allem die Viehscheid im Allgäu. – Die kleine barocke Wallfahrtskirche vor Maria Gern bei Berchtesgaden und dazu, im Hintergrund, jener Untersberg, in dem Kaiser Karl sitzt und auf seine Wiederkehr wartet. Dies ist eine der vielen Sagen, die vom Untersberg erzählt werden.

This is the Bavarian Oberland as every tourist hopes to see it, the town of Reit im Winkel on the German Alpine Highway. – If the summer has passed without misadventure, the cows will be festively decked out before they are driven down the mountainside; they will spend the winter months in a byre until the long trek uphill begins in early May. – Maria Gern is a small Baroque pilgrimage church near Berchtesgaden. In the background can be seen the Untersberg, the legendary mountain beneath which Charlemagne is said to wait for his second coming.

Le haut pays comme l'aiment les touristes: le village de Reit im Winkel sur la route allemande des Alpes. – Si l'été s'est écoulé sans accident, les vaches sont solennellement pomponnées avant de redescendre dans les étables de la vallée. Le Viehscheid est surtout célèbre dans l'Allgäu. – La petite église baroque de pèlerinage Maria Gern près de Berchtesgaden se dresse devant le massif de l'Untersberg sur lequel, d'après une légende, l'empereur Charlemagne a élu domicile en attendant sa résurrection.

Den schönsten Satz hat Ludwig Ganghofer geschrieben: „Herr, wen Du lieb hast, den lassest Du fallen in dieses Land!" Der Mittelpunkt dieses Landes um Watzmann und Untersberg ist Berchtesgaden, ein Ort, dessen Schicksal vor allem das Salz war. Es machte die reichsunmittelbare, in ihren Anfängen bis zum Jahre 1102 zurückreichende Fürstprobstei wohlhabend. Daneben gab es noch die wahrscheinlich nicht sehr einträgliche Viehhaltung auf den Almen und zumeist wohl als Zubrot die Schnitzerei von Spielzeug, der berühmten „Berchtesgadener War".

As the Bavarian author Ludwig Ganghofer wrote, "those whom the Lord favours, he sends to live here". Berchtesgaden is the central town of the area around the Watzmann and Untersberg mountains. Its history has been dominated by the salt trade and who-ever was Provost of this ecclesiastical centre no doubt profited greatly from this lucrative industry. Apart from salt, there was little to sustain the populace here except in the presumably less remunerative occupations of cattle farming on the Alm and carving wooden toys. These days visitors to the town,

La plus jolie phrase vient de l'écrivain Ludwig Ganghofer: «Seigneur, fais tomber ceux que tu aimes sur ce coin de terre!» Le centre de la région autour du Watzmann et d'Untersberg est Berchtesgaden dont le destin fut longtemps lié au commerce du sel. Il enrichit les seigneurs ecclésiastiques qui régnaient déjà sur le territoire en 1102. Une source de revenus des habitants était la fabrication des célèbres jouets de bois de Berchtesgaden. Aujourd'hui, l'attraction principale de la station climatique est la visite du Salzbergwerk, des mines de sel ou l'on descend en

Heute interessieren sich Besucher in dem Kurort vor allem für die Fahrt ins Salzbergwerk (mit der dazugehörigen Rutschpartie). Über Tage kann man dann dort Visite machen, wo die ehemaligen Herren dieses Bergwerks, die Fürstpröbste – die sich seit 1559 Fürsten nennen durften – residiert haben: im Schloß, dem Augustinerchorherrenstift, das heute Museum ist. Ein Wahrzeichen Berchtesgadens: die beiden spitzen Türme der Stiftskirche.

which is now a health resort, are fascinated by the underground railway that runs into the workings of the old salt mines; the tour starts with an exciting descent by slide. Above ground, the residence of the ancient lords of the mines, the Provosts (later the Counts) of Berchtesgaden, is well worth a visit. The mansion goes under the impressive name of Augustinerchorherrenstift; it now serves as a museum. The two spires of the church give the town its characteristic skyline, and are visible from afar.

glissant sur des cylindres de sapins polis. Les maîtres des salines étaient les prieurs souverains qui obtinrent le titre de prince en 1559. Le Schloss, leur ancienne résidence, a aujourd'hui été transformé en partie en musée. Les deux tours pointues de la Stiftskirche sont un emblème de Berchtesgaden.

Unter der steilen, für kletterstarke Alpinisten reizvollen Ostwand des Watzmanns liegt der acht Kilometer lange und zweihundert Meter tiefe Königssee mit dem auf einer Landzunge gebauten Kirchlein von St. Bartholomä. – Die älteste Saline Deutschlands, das um 700 erstmals in Urkunden genannte REICHENHALL, wurde erst im 19. Jahrhundert zum Kurort. – WASSERBURG, einst der Hafen Münchens, war ein wichtiger Umschlagplatz des Reichenhaller Salzes, das hier über den Inn gebracht wurde.

The precipitous east face of the Watzmann is recommended only for experienced Alpine climbers. It rises sheer out of the waters of the Königssee, which is 8 kilometres long and 200 metres deep. The little pilgrimage church of St Bartholomew stands in a picturesque setting on a peninsula overlooking the lake. – The oldest brine springs in Germany are in Bad Reichenhall, whose history goes back to the year 700. The salt was shipped along the Inn to Wasserburg, Munich's former port and a main distribution centre of Bad Reichenhall salt.

Sous la paroi est du Watzmann, une ascension appréciée des alpinistes entraînés, s'étend le lac de Königsee long de huit kilomètres et profond de deux cents mètres avec la petite église de St. Bartholomae bâtie sur un promontoire. – Reichenhall, la plus ancienne saline d'Allemagne, mentionnée pour la première fois dans un document vers l'an 700, ne devint une station thermale qu'au 19e siècle. Le sel était expédié par voie navigable sur l'Inn jusqu'à WASSERBURG, ancien port de Munich et centre de distribution pour le sel de Reichenhall.

Der kleine Wolferl ist gelegentlich von Salzburg herübergekommen, um bei den (übrigens wohlhabenden) Benediktinern von Seeon zu musizieren (und auf zwei Mozartaufführungen wird auf einer Gedenktafel in der Kirche noch heute verwiesen). Das auf einer Halbinsel in einem kleinen See gebaute Kloster mit den charakteristischen Türmen reicht bis in die frühe bayerische Zeit zurück. – Alljährlich am Ostermontag ziehen die Reiter von TRAUNSTEIN hinaus zur Kirche von Ettendorf. Der Georgiritt ist seit 1726 belegt.

As a boy, Wolfgang Amadeus Mozart occasionally travelled from Salzburg to give recitals in the affluent Benedictine monastery of Seeon. A plaque in the church commemorates two such occasions. The monastery, with its two distinctive towers, was founded nearly 1,000 years ago. It stands north of the Chiemsee in a landscape of woods and hills, and is almost encircled by the waters of a little lake. – Since 1726, the riders of TRAUNSTEIN have set off for the chapel of Ettendorf in the annual Easter Monday ceremony of St George's Ride.

Le jeune Wolfgang Mozart vint quelquefois de Salzburg jouer des concerts pour les riches Bénédictins de Seeon. Une plaque dans l'église commémore la présence du célèbre musicien. Le cloître aux tours caractéristiques, construit sur la presqu'île d'un petit lac, date du début de l'époque bavaroise. – Chaque année, le lundi de Pâques, les cavaliers de TRAUNSTEIN se rendent à l'église d'Ettendorf. La cavalcade de George existait déjà en 1726.

Georgs-Verein.

Etwa seit dem Jahre 1490 ziehen Pilger nach Altötting, um von der „Schwarzen Muttergottes" Hilfe zu erbitten. Der Kapellenplatz und die achteckige Kapelle sind ein geistlicher Mittelpunkt des katholischen Bayern. Dieser Ort der ältesten deutschen Wallfahrt ist urkundlich 748 zum erstenmal erwähnt und von Anfang an steht er in enger Beziehung zu den frühen bayerischen Herrschergeschlechtern. Ausdruck der Frömmigkeit sind die vielen Prozessionen – hier die Fronleichnamsprozession – zu der sich die Gläubigen versammeln.

The name Altötting is first recorded in 748. For 500 years pilgrims have been coming here to pray at the shrine of the Black Madonna, the oldest of all pilgrimage centres in Germany. The photo shows a Corpus Christi procession, one of the many that take place during the year. The octagonal chapel set in a large courtyard is an important religious centre for Bavaria's Roman Catholics and the early Bavarian rulers always kept close connections to the shrine. In 1980 the Pope paid a visit to the Holy Chapel of the Black Madonna.

Depuis 1490, les pèlerins viennent à Altötting vénérer la statue miraculeuse de la Vierge Noire. Le vaste Kapellenplatz et la Sainte-Chapelle octogonale sont un centre spirituel de la Bavière catholique. Le plus ancien lieu allemand de pèlerinage était cité pour la première fois dans un document de 748 et dés le début étroitement associé aux premières lignées régnantes de Bavière. De nombreuses processions s'y déroulent chaque année. Ici, les fidèles se rassemblent pour la procession de la Fête-Dieu.

Die Wände der 877 erwähnten Gnadenkapelle sind vollgehängt mit Votivtafeln und kleinen Votivgaben. Zu den Geschenken gehört auch der Silberprinz vor dem Altar: eine lebensgroße, 40 Kilogramm schwere Figur des zehnjährigen Kurprinzen Max Joseph, die Karl Albrecht nach der Genesung seines Sohnes hierher gestiftet hat. Eine in der Schatzkammer der Stiftskirche aufbewahrte Kostbarkeit ist das „Goldene Rössel". Die Kreuze werden von Gläubigen zum Dank für Erhörung oder als Zeichen der Buße um die Kapelle getragen.

The walls of this 8th century chapel are hung around with votive tablets and offerings. One of the most notable is the Silver Prince in front of the altar, a life-size figure of the 10-year old prince Max Joseph. The statue, weighing 40 kg, was a gift from his father, Elector Karl Albrecht, after the boy had recovered from an illness. Among the gems of the chapel treasury is the richly ornamented 15th century "Golden Horse". The crosses are carried round the chapel by pilgrims whose prayers have been answered or who wish to do penance.

De nombreux ex-voto sont accrochés aux murs de la Sainte-Chapelle construite en 877. Devant l'autel se dresse une statue lourde de 40 kilogrammes représentant le prince Max-Joseph à l'âge de dix ans. L'électeur Charles-Albrecht fit don du «Prince d'Argent» après la guérison de son fils. Les croix sont des témoignages de gratitude ou de pardon déposés par les fidèles autour de la chapelle. La pièce maîtresse du trésor de l'église paroissiale est le «Goldenes Rössel» ou Cheval d'or, un chef-d'œuvre de l'orfèvrerie française (1404).

Unten an der Salzach, auf einem schmalen Landstreifen, bauten die Bürger ihre Häuser und lebten vornehmlich vom Salzhandel. Zu den Gebäuden, die von Burghausens Bedeutung zeugen, gehören das Rathaus, das ehemalige kurfürstliche Regierungsgebäude und das Graf Tauffkirchensche Palais. Auf dem Berg darüber lag eine Feste, die nach 1255 von den niederbayerischen Herzögen zu einem Grenzbollwerk ausgebaut und immer wieder erweitert wurde. Zuletzt besaß sie sechs aufeinanderfolgende Höfe und war mit 1100 Metern die längste Burg

The first citizens of Burghausen built their houses on a narrow strip of land beside the Salzach river, their principal source of income being the salt trade. Various buildings bear witness to Burghausen's former importance: the town hall, the old Elector's administrative building and the count's palace. Above the town there stood a small castle which after 1225 was rebuilt in stages as a massive bastion to guard the borders of Lower Bavaria. Finally it reached an astounding length of 1,100 metres, the longest castle in Germany, with six adjacent courtyards within its walls. Its sheer size meant that this fortress was

Les habitants bâtirent leurs maisons sur la rive gauche de la Salzbach et acquirent la prospérité grâce au sel. L'hôtel de ville, l'ancien édifice gouvernemental des princes-électeurs et le palais des comtes Tauffkirchen rappellent l'importance que la jolie localité avait autrefois. Sur la montagne qui domine la ville, s'élevait une fortification que les ducs de Basse-Bavière transformèrent en bastion à partir de 1255 et ne cessèrent ensuite d'agrandir. L'édifice posséda finalement six cours consécutives et devint le plus grand château d'Allemagne avec une

Deutschlands. In dieser schier unerreichbaren Anlage bewahrten die reichen Landesherren ihr Geld auf und hier auch verwahrten sie ihre Gefangenen, darunter den Ingolstädter Vetter, Herzog Ludwig den Bärtigen. Auf die Burg abgeschoben wurde auch Jadwiga, die polnische Braut der legendären Landshuter Hochzeit von 1475. An diesem Ort ihrer Verbannung ist sie auch im Februar 1502 gestorben.

quite impregnable and its owners, the wealthy Dukes of Landshut, prudently stored their overflowing coffers here. They also used the castle as a prison, chiefly it seems for bothersome members of their own family, including the unfortunate Polish princess Jadwiga. After her marriage in Landshut in 1475, to Duke George of Lower Bavaria, with all possible pomp and circumstance, she was relegated to Burghausen and died there in 1502.

longueur de 1100 mètres. Dans ce fort imprenable, les riches seigneurs enfermaient leurs trésors et aussi leurs prisonniers comme leur cousin d'Ingolstadt, le duc Louis le Barbu. Jadwiga, la mariée polonaise des noces légendaires de Landshut célébrées en 1475, y fut également bannie et y mourut en février 1502.

Im Jahre 739 gründete der heilige Bonifatius das Bistum Freising, und bis zum Jahre 1821, als das Erzbistum München-Freising errichtet wurde, blieb der Freisinger Domberg Bischofsitz. Der Dom mit seinen beiden massiven Türmen, erbaut auf den Überresten einer älteren Kirche, wurde mehrfach umgestaltet, zuletzt 1723 durch die Brüder Asam. Auf einem Nachbarhügel liegt das ehemalige Benediktinerkloster Weihenstephan mit der angeblich ältesten (1040 gegründeten) Brauerei der Welt.

In 739 the English monk St Boniface founded the see of Freising and this diocese remained intact until 1821, when Freising was demoted and became part of the Archbishopric of Munich and Freising. The cathedral, built on the remains of an older church, has two bulky towers. Various architectural influences have left their mark here, the last being the opulent Baroque additions of the Asam brothers in 1723. On a hill nearby is Weihenstephan, a former Benedictine monastery which claims to house the world's oldest brewery dating from 1040.

Saint Boniface fonda l'évêché de Freising en l'an 739. La cité fut un siège épiscopal puissant jusqu'à la création en 1821 de l'archevêché de Munich-Freising. La cathédrale aux deux tours massives, construite sur les vestiges d'une vieille église, fut remaniée plusieurs fois et son intérieur finalement terminé par les frères Assam en 1723. Sur une colline avoisinante, se dresse l'ancienne abbaye bénédictine de Weihenstephan qui abrite la plus vieille brasserie du monde (fondée en 1040).

Das im Jahre 1505 zur Versorgung einiger minderjähriger wittelsbachischer Erben errichtete Herzogtum Pfalz-Neuburg war nicht sehr groß. Dennoch ließen die Herrscher, allen voran der voluminöse Pfalzgraf und spätere Kurfürst Ottheinrich das alte Schloß mit großem Aufwand ausbauen und erweitern. Die Neuburger verdanken der Repräsentationsfreude ihrer Herzöge ein eindrucksvolles, weithin sichtbares Wahrzeichen ihrer Stadt. Die Hofkirche entstand zwischen 1607 und 1627 am Stil des Barock.

The modest dukedom of Pfalz-Neuburg was conveniently created in 1505 to provide for a minor of the Wittelsbach dynasty. The new dukes, not content with an ancient castle, provided themselves with a splendid palace. Building was started by Count (later Elector) Ottheinrich; his grandiose work was lavishly extended by his successors, determined above all to impress. They bequeathed to Neuburg a huge, imposing residence that today dominates the skyline of the small town. The monumental Baroque Hofkirche was built between 1607 and 1627.

Le château ducal de Neuburg, érigé en 1505 pour quelques héritiers d'âge mineur de la famille de Wittelsbach, était de dimensions modestes. Les souverains – surtout le comte palatin, futur prince-électeur Ottheinrich – le firent agrandir à grands frais. Grâce au goût pour le faste de ses anciens ducs, la ville de Neuburg peut s'enorgueillir aujourd'hui d'un monument impressionnant. La Hofkirche, église de la cour, a été bâtie entre 1607 et 1627 dans le style baroque.

Zwei berühmte Ingolstädter Türme: das romanische Kreuztor, 1383 als Teil des zweiten Befestigungsringes erbaut, und dahinter einer der beiden Türme der Kirche „Zur Schönen Unserer Lieben Frau" von 1425. Als die Arbeiten an diesem Münster begannen, waren die Maurer an der Südostecke Ingolstadts bereits seit sieben Jahren mit dem Bau des Neuen Schlosses beschäftigt. Heute ist in ihm das Bayerische Armeemuseum untergebracht. Das Herzogtum Ingolstadt bestand zwischen 1392 und 1445.

Here we see two of Ingolstadt's famous towers, the Romanesque Kreuztor, built in 1383 as a gateway of the town's second ring of defences, and in the background one of the two towers of the Late Gothic minster of Our Lady, 1425. When work began on the Minster, the masons were already busy with the building of the Duke of Bavaria's massive 'Neue Schloss' in the south-east of the town, which now houses the Bavarian Army Museum. Ingolstadt is nearly 1,200 years old; it was the residence of the Dukes of Bavaria from 1392-1445.

Deux tours célèbres d'Ingolstadt, siège ducal de 1392 à 1445: la porte romane, datant de 1383, vestige des anciennes fortifications et un des deux tours de l'église «Zur Schönen Unserer Lieben Frau», bâtie en 1425. Les tours ont été érigées transversalement selon le modèle français sous le règne du duc Louis le Barbu, frère de la reine Isabeau de France. Il fit également construire le nouveau château dont les travaux duraient depuis sept ans quand ceux du Munster commencèrent. Le château renferme le musée bavarois de l'armée.

Seit der ersten Erwähnung im Jahre 1037 hat die auf einem steilen Fels über der Altmühl gelegene Burg Prunn viele Herren gesehen: das Geschlecht derer von Prunne, das ihr den Namen gab, bayerische Herzöge sodann, kleine Landadelige, die Jesuiten von der Universität Ingolstadt und zuletzt den Bayerischen Staat. Bei einem Besuch 1575 entdeckte der Herzogsberater Wiguleus Hundt eine alte Handschrift des „Nibelungenliedes" – sie ist seither bekannt als „Prunner Handschrift".

The castle of Prunn stands on a steep rocky prominence above the valley of the river Altmühl. First recorded in 1037, it has seen many owners during its long history, among them the von Prunne family who gave the castle its name, the Dukes of Bavaria, assorted minor nobility, the Jesuit fraternity of Ingolstadt and finally the State of Bavaria. Prunn is famous for the Prunn Codex, an old manuscript of the Nibelungenlied (subject of Wagner's "Ring" cycle), which was discovered by the Duke's adviser Wiguleus Hundt on a visit in 1575.

Le château de Prunn, construit sur un escarpement au-dessus de l'Altmühl, a vu beaucoup de maîtres depuis 1037, date à laquelle il est mentionné pour la première fois. Il a appartenu à la lignée de Prunn qui lui a donné son nom, aux ducs de Bavière, à de la petite noblesse campagnarde, aux Jésuites de l'université d'Ingolstadt et finalement a l'Etat de Bavière. Au cours d'une visite en 1575, Wiguleus Hundt, conseiller du duc, y découvrit un ancien écrit de la «Chanson des Nibelung» que l'on appelle depuis «le manuscrit de Prunn».

Die Bischöfe von Eichstatt suchten Schutz auf dem Berg südöstlich der Stadt. Hoch über der Altmühl entstand 1355 ein erster wehrhafter Bau, der in den folgenden Jahrhunderten immer wieder erweitert wurde und 1560 einen der frühesten (inzwischen aufgelassenen) botanischen Gärten erhielt. Von der nach dem ersten Eichstätter Bischof benannten Willibaldsburg blieb, nachdem die Residenz wieder in die Stadt verlegt wurde, vor allem der nach 1609 entstandene Gemmingenbau mit seinen beiden Türmen.

The see of Eichstätt, like that of Freising was founded by the English monk Boniface. In 1355 the bishops built their first residence, a well-fortified building on a hill above the river Altmühl, south-east of the town. In the following years a number of extensions were made to the Schloss, including one of the first botanical gardens, added in 1560, which sadly no longer exists. The best-preserved part of the Willibaldsburg, named after Willibald, first bishop of Eichstätt, is the two-towered Gemmingenbau, dating from 1609.

En 1355, les évêques d'Eichstätt construisirent une première forteresse au sud-est de la ville sur une montagne dominant la vallée de l'Altmühl: le Willibaldsburg, nommé d'après le premier évêque d'Eichstätt. En 1560, un des premiers jardins botaniques fut adjoint à l'édifice qui ne cessa de s'agrandir au cours des siècles. Mais la résidence des princes-évêques était de nouveau transférée dans la cité en 1725. En 1817, Eugène de Beauharnais recevait le titre de prince d'Eichstätt de son beau-père, le roi de Bavière.

Auf dem Wege ostwärts kam die Donau vor unendlich langer Zeit an die sich hoch vor ihr auftürmenden Ausläufer des Jura. So wie steter Tropfen hat nun auch sie den Stein gehöhlt und schließlich auf einer sechs Kilometer langen Strecke durchbrochen. Die Reise vorbei an den bizarren Felsen gehört heute zu den schönsten Abschnitten der Donau auf deutschem Gebiet. Ein Stück weiter steht die von König Ludwig I. geplante und 1863 fertiggestellte Befreiungshalle, zum Gedenken an den deutschen Befreiungskrieg 1813-1815 gegen Napoleon I.

Aeons ago, the Danube flowed eastwards to meet a seemingly insurmountable obstacle, a great limestone plateau. Little by little the river carved out a gorge six kilometres long and emerged on the other side, hence the name Donaudurchbruch, "Danube breakthrough". This valley, with its extraordinary rock formations, is among the most attractive stretches of the Danube in Germany. Nearby is Ludwig I's Befreiungshalle (Hall of Liberation), completed in 1863, a memorial to the wars of 1813-1815 which released Germany from Napoleonic rule.

En des temps éloignés, le Danube surgit de l'ouest devant les contreforts élevés du Jura et y percha un étroit défilé d'une longueur de six kilomètres. Le parcours entre des formations rocheuses étranges est un des endroits du fleuve les plus impressionnants sur le territoire allemand. Un peu plus loin se trouve la «Befreiungshalle» un projet du roi Louis I., terminé en 1863 qui fut érigé en mémoire de la guerre de libération allemande de 1813 a 1815.

Regensburg, die erste Hauptstadt Bayerns, war auf den Resten einer römischen Siedlung errichtet worden. Das eindrucksvollste Bauwerk dieser Stadt am Strom ist zweifellos der Dom St. Peter, an dem von etwa 1250 an gearbeitet wurde; die Turmhelme setzte man erst im 19. Jahrhundert auf. Um 1140 bereits baute man über die Donau die erste steinerne Brücke Europas – sie wird heute noch befahren. Von 1663 bis 1806 war Regensburg der Sitz des „Immerwährenden Reichstages".

Regensburg, the first capital of Bavaria, was built on the remains of a Roman settlement, Castra Regina. The English monk Boniface founded the diocese, and St Peter's Cathedral is certainly the most impressive building of the city. Work started on the cathedral in about 1250, though the spires were not added until the 19th century. In 1140 the Danube was spanned here by the first stone bridge in Europe, still in use. The first German parliament convened in Regensburg; known as the Permanent Diet, it sat from 1663 to 1806.

Ratisbonne ou Regensburg, la première capitale de la Bavière, a été fondée sur les vestiges d'un camp romain. Son monument le plus impressionnant est le Dôme St. Pierre. Sa construction commença en 1250, mais ses tours ne furent achevées qu'au 19e siècle. En 1140, le premier pont de pierre d'Europe franchissait le Danube à Ratisbonne et est encore utilisé aujourd'hui. De 1663 a 1806, la ville fut le siège de la Diète permanente du Saint-Empire que l'on peut considérer comme le premier Parlement du monde.

Hoch über der Donau, knapp zehn Kilometer flußabwärts von Regensburg, legte König Ludwig I. am 18. Oktober 1830 den Grundstein für einen Ehrentempel, der dem Andenken ausgezeichneter Deutscher gewidmet sein sollte. In dem Bauwerk, das Leo von Klenze auch in den Ausmaßen dem Parthenon auf der Akropolis nachempfand, sind mehr als hundertfünfzig Rühmenswerte durch Porträtbüsten oder Marmortafeln geehrt. Wer diese deutsche Ruhmeshalle zu Fuß besuchen will, muß 366 Stufen erklimmen.

About ten kilometres upriver from Regensburg, in a spot high above the Danube, King Ludwig I of Bavaria laid the foundation stone for a Temple of Honour on October 18th, 1830. The temple was designed by Leo von Klenze and in size as well as shape it was modelled on the Parthenon. Walhalla was dedicated to the memory of Germany's most illustrious citizens, and over 150 are honoured here, either with busts or with marble slabs. Those who wish to visit this Hall of Fame on foot must first ascend the 366 steps to the entrance.

Le 18 octobre 1830, le roi Louis I posait la première pierre de la Walhalla, un temple dorique en marbre blanc consacré aux grands hommes allemands. L'édifice qui se dresse au-dessus du Danube, à dix kilomètres en aval de Ratisbonne, à été construit par Leo von Klenze d'après le modèle du Parthenon sur l'Acropoles et renferme plus de cent cinquante bustes de grands hommes et des inscriptions sur plaques de marbre. Les visiteurs désireux de visiter la Walhalla devront auparavant grimper 366 marches.

Der Platz war verteilt: hoch oben auf dem Berg, auf einem Gelände, das seit der Steinzeit besiedelt war, saßen die Ritter in ihrer Burg (die 1641 zerstört wurde), und unten im Tal, beim Zusammenfluß von Vils und Naab, wohnten auf beengtem Raum die Bürger von Kallmünz. Der malerische Anblick des Marktes hat immer wieder Maler angezogen, unter ihnen waren Wassily Kandinsky und Gabriele Münter, die im Sommer 1903 hier lebten. Die um 1550 gebaute Naabbrücke hat in der Oberpfalz kaum ihresgleichen.

There is not much land to spare in Kallmünz, and while the knights sat in a castle high above the town, on a site that had been occupied since the Stone Age, the local populace wedged their houses into the patch of land below, at the confluence of Vils and Naab. The castle has been in ruins since 1641. At the beginning of our century the picturesque place was spotted by artists, among them Vasily Kandinsky and Gabriele Münter who stayed here in 1903. The Naab bridge (1550) is among the finest in the Upper Palatinate.

L'endroit était partagé haut dans la montagne, sur un emplacement déjà habité à l'âge de la pierre, se dressait le château des chevaliers qui fut détruit en 1641. En bas dans la vallée, au confluent de la Vils et de la Naab, les citoyens de Kallmünz vivaient su- un espace étroit. Le site pittoresque du village a attiré des artistes de tous temps. Wassily Kandinsky et Gabrielle Münter vécurent a Kallmünz durant l'été de 1903. Le pont bâti en 1550 sur la Naab est unique dans le Haut-Palatinat.

Auf einem steilansteigenden Granitrücken über der Naab entstand eine Burg – 929 wird sie erstmals genannt. In ihrem Schatten ließen sich Handwerker und Kaufleute nieder und so entstand Nabburg, eine der malerischsten Städte der Oberpfalz. – Die ursprünglich gotische Amberger St. Georg-Kirche wurde im frühen 18. Jahrhundert durch die Jesuiten im Stile des Barock ausgestaltet. Den hervorragenden Stuck schufen wahrscheinlich Wessobrunner Künstler.

The castle of Nabburg, built on a steep granite ridge overlooking the river Naab, is first recorded in 929. Craftsmen and merchants later settled here, at the foot of the castle hill, and founded the town of Nabburg, now one of the prettiest places in the Upper Palatinate. – The solid unadorned exterior of the Gothic church of St George in Amberg conceals an unexpectedly ornate Baroque interior of the early 18th century. The exceptional plasterwork is almost certainly the work of a artists from Wessobrunn.

Un château-fort, mentionné pour la première fois en 929, se dressait autrefois sur un escarpement de granit au-dessus de la Naab. Des artisans et des commerçants vinrent s'installer sous ses murailles. C'est ainsi que fut créée Nabburg, une des villes les plus pittoresques du Haut-Palatinat. – L'église Saint-Georges d'Amberg, originairement gothique, fut remaniée dans le style baroque par les Jésuites au début du 18e siècle. Les admirables stucs sont sans doute des créations d'artistes de Wessobrunn.

IHS

Der Pfarrer der Dreifaltigkeitskirche auf dem sogenannten Glasberg nördlich von Waldsassen wünschte sich eine Kirche, in der die Heilige Dreifaltigkeit bildhaft Ausdruck findet. Georg Dientzenhofer, Angehöriger einer der großen Baumeisterfamilien des Barock, hat diese Kirche von 1684 an gebaut und dabei eine architektonisch originelle Lösung gefunden: die Kirche ist gleichsam aus zwei Halbkreisen zusammengesetzt. Dem Programm entsprechen auch die drei Türme.

The priest of the Church of the Holy Trinity north of Waldsassen desired a new building which would represent the Trinity in visual form. This challenging task was taken up by Georg Dientzenhofer, who came from a family of renowned Baroque architects, and work started in 1684 on this almost oriental-looking church of Kappel. Dientzenhofer's solution, based on the concept of three-in-one, was quite original, a masterpiece of Bavarian Baroque. The design incorporates three semicircles, between which stand three slender onion towers.

Le prêtre de l'église de la Trinité sur le Glasberg au nord de Waldsassen voulait une maison de Dieu digne d'honorer la Sainte-Trinité. Georg Dientzenhofer, membre d'une des grandes familles de maîtres d'œuvre de l'époque baroque, construisit l'église à partir de 1684. L'édifice religieux présente une solution architecturale originale: il est formé de trois demi-cercles flanqués de trois tours.

Die Burg Falkenberg war im Dreißigjährigen Krieg zerstört und erst vor dem Zweiten Weltkrieg durch Graf Friedrich von der Schulenburg wieder aufgebaut worden. Wenige Jahre später nach dem 20. Juli 1944, wurde Schulenburg als Widerstandskämpfer hingerichtet. – Die STADT WEIDEN ist wirtschaftlicher und kultureller Mittelpunkt der nördlichen Oberpfalz. Ein Wahrzeichen der Stadt ist das Rathaus mit seinem achteckigen Kuppelturm, das zwischen 1539 und 1548 erbaut wurde.

The castle of Falkenberg was destroyed in the Thirty Years' War, but through the efforts of the German Ambassador to Moscow, Count Friedrich von der Schulenburg, it was rebuilt shortly before the start of the last war. Count Schulenburg was executed in 1944 for his part in the resistance movement, which culminated in the abortive plot of July 20th, 1944. – WEIDEN has become the cultural and industrial centre of the northern Upper Palatinate. The pride of Weiden is its mid-16th century town hall, with an unusual octagonal tower.

Peu de temps avant la seconde guerre mondiale, le comte Friedrich von der Schulenburg fit reconstruire le château de Falkenberg qui avait été détruit durant la guerre de Trente Ans. Quelques années plus tard, Schulenburg était exécuté après l'attentat manqué contre Hitler du 20 juillet 1944. – Un symbole de la ville de WEIDEN, centre culturel et économique du nord du Haut-Palatinat est l'hôtel de ville avec sa coupole octogonale construite entre 1539 et 1548.

Die Lage an der Grenze war für das mittelalterliche Cham gleichzeitig Fluch und Segen. Zwar wurde die Stadt durch den Handel mit Böhmen reich, doch in kriegerischen Zeiten zog immer wieder der Feind vor die Mauern. Von den alten Stadttoren ist nur das 1418 erstmals genannte Biertor erhalten geblieben. Der berühmteste Sohn der Stadt ist Nikolaus Luckner, der zum Marschall von Frankreich aufstieg und dem 1793 die Marseillaise gewidmet wurde. Trotzdem endete er auf der Guillotine.

In the Middle Ages, the border town of Cham found its situation alternately a blessing and a curse. The town's prosperity came from a flourishing trade with neighbouring Bohemia, but in times of war the enemy too often stood at its gates. Well worth a visit is the only remaining town gateway, the enormous 15th century Biertor. Cham's most celebrated citizen was Nikolaus Luckner, who rose to become Marshall of France. In 1793 the Marseillaise was dedicated to Luckner, who nevertheless ended his days on the guillotine.

L'emplacement sur la frontière de Cham était en même temps une malédiction et une bénédiction pour la petite ville moyenâgeuse. Le commerce avec la Bohème lui apportait la prospérité, mais en temps de guerre, l'ennemi était toujours devant ses murs. Ses anciennes portes ont été détruites, sauf une, appelée «porte de la bière» et construite en 1418. L'enfant le plus célèbre de la ville est Nikolaus Luckner qui s'éleva à la fonction de maréchal de France et à qui fut dédié la Marseillaise en 1793 avant qu'il ne périsse lui aussi sous la guillotine.

Der Arber (mit 1456 Metern höchster Berg des Bayerischen Waldes), oft „der König des Bayerischen Waldes" genannt, ist ein beliebter Skiberg mit vielen Abfahrten unterschiedlichen Schwierigkeitsgrades. Der benachbarte Kleine Arber ist 1384 Meter hoch. – Die Stadt REGEN entstand auf einem Gelände, das Benediktinermönche im 11. und 12. Jahrhundert gerodet hatten. Da man sich immer wieder vor Feinden schützen mußte, erhielt die St. Michaelskirche einen festen, wehrhaften Turm.

The Grosser Arber, sometimes known as the King of the Bavarian Forest, is a popular place for winter sports, as it has a wide range of ski slopes to cater for all grades of skiers. Its neighbour, the Kleine Arber, is 1,384 metres high. – Regen was founded on the site of a clearing hacked out by Benedictine monks in the 11th and 12th centuries. The bulky, indestructible-looking Romanesque tower of St Michael's church illustrates the importance of strong defences in the Middle Ages.

Avec 1456 mètres de hauteur, le point culminant de la forêt bavaroise, le massif de l'Arber souvent appelé «roi de la forêt bavaroise», est un endroit très apprécié des amateurs de sports d'hiver avec ses descentes aux différents degrés de difficulté. Le sommet voisin appelé Klein-Arber a une hauteur de 1384 mètres. – La ville de Regen a été fondée sur un emplacement déboisé par des moines bénédictins aux 11e et 12e siècles. Comme il fallait toujours se protéger de l'ennemi, l'église St. Michel est flanquée d'une tour massive et puissante.

PENSION

Der Wohlstand Straubings läßt sich bei vielen Häusern an den kunstvoll geschmückten Fassaden ablesen. Die Stadt, in der man 1435 auf herzoglichen Befehl die Agnes Bernauer grausam zu Tode gebracht hat, ist das Herz der fruchtbarsten bayerischen Bauernlandschaft des Gaubodens. – Markttag in Deggendorf. Auf dem großen, viereckigen Marktplatz und mit Blick auf das 1535 errichtete Rathaus mit seinem behäbigen Turm (von 1618) haben die Händler ihre Stände aufgeschlagen. Früher war diese 1242 von den Wittelsbachern gegründete Stadt am linken Donauufer das große Tor zum Bayerischen Wald.

The wealth of medieval Straubing is evident in the exquisitely decorated facades of its old houses. Straubing was first a Celtic, then a Roman settlement. Its prosperity is not least due to its situation at the heart of the most fertile land in Bavaria. – It is market day in Deggendorf and the stalls have been set up in the large square of the market place, beneath the town hall of 1535, with its solid square tower. The town, situated on the west bank of the Danube, was founded by the Wittelsbach dynasty in 1242, and was once regarded as the gateway to the Bavarian Forest.

Les façades artistiquement décorées de nombreuses maisons de Straubing dévoilent la prospérité de cette ville dans laquelle Agnes Bernauer connut une mort atroce sur un ordre ducal. Straubing est le cœur de la région la plus fertile de Bavière, le «Gauboden». – Jour de marché à Deggendorf. Les marchands ont installé leurs étals sur la grande place rectangulaire que domine l'hôtel de ville de 1535 flanqué d'une tour massive construite en 1618. Autrefois, la localité fondée en 1242 sur la rive gauche du Danube par les Wittelsbacher, était la porte principale sur le Bayerische Wald.

Die Landshuter, so heißt es, wollten ihren auf der Burg Trausnitz residierenden Herzögen in die Schüsseln schauen. So bauten sie von 1380 an den Turm ihrer spätgotischen Stadtpfarrkirche St. Martin hoch und immer höher. Zuletzt maß er 133 Meter und war der höchste Backsteinturm der Welt. – Die Herzöge zeigten ihren sprichwörtlichen Reichtum in der Fürstenhochzeit von 1475. Alle drei Jahre wird sie im größten historischen Schauspiel Deutschlands von mehreren tausend Landshutern nachgespielt.

If we are to believe the story, the burghers of Landshut, anxious to keep an eye on their masters up on Burg Trausnitz, built up the tower on the Late Gothic church of St Martin until it reached 133 metres, making it the highest brick tower in the world. – The Dukes displayed their proverbial wealth in the sumptuous wedding celebrations of 1475, when George of Landshut married Jadwiga of Poland. The festivities are re-enacted every four years, when thousands of local people take part in the largest historical pageant in Germany.

Selon la légende, les habitants de Landshut voulaient regarder par les fenêtres du château Trausnitz ou résidaient leurs ducs. C'est pourquoi à partir de 1380, ils ne cessèrent d'élever le clocher de l'église paroissiale St. Martin bâtie en style gothique tardif. Une fois construite, la plus haute tour de briques du monde mesurait 133 mètres. Les ducs étalèrent leurs richesses dans le mariage princier de 1475. Tous les quatre ans, les citoyens de Landshut commémorent les noces somptueuses avec la plus grande fête historique d'Allemagne.

Die an einem steilen Hang seitab der Isar gebaute, einst mit einer starken Mauer geschützte Stadt Landau ist eine wittelsbachische Gründung des 13. Jahrhunderts. – Blick auf die Dreiflüssestadt Passau mit dem Inn, dem barocken Stephansdom (dem Paten des Wiener Stephansdoms) und der zwischen dem 13. und 17. Jahrhundert auf einem Bergrücken über Donau und Ilz erbauten Feste Oberhaus. Im Umkreis des Passauer Bischofshofes entstand wahrscheinlich um das Jahr 1200 das Nibelungenlied.

Landau was founded in the 13th century by Europe's longest-ruling family, the Wittelsbachs. It stands on a steep hillside near the Isar and was once encircled by a defensive wall. The town has also lent its name to a covered carriage, the landau. – The photo of Passau, the town of three rivers, shows the river Inn, the Baroque Cathedral of St Stephen (model for the Stephansdom in Vienna), with the world's largest organ, and the old stronghold of Oberhaus. The Nibelungenlied was probably written here in about 1200.

Construite sur un versant escarpé près de l'Isar, la ville de Landau qui était autrefois protégée par des murailles massives, a été fondée par les Wittelsbacher au 13e siècle. – Vue sur Passau, la ville au confluent de trois cours d'eau montrant la rivière Inn, le Dôme baroque St. Stéphan (parrain de la cathédrale viennoise du même nom), et la forteresse d'Oberhaus construite aux 13e et 17e siècles sur une crête montagneuse au-dessus du Danube et de l'Ilz. C'est sans doute à la cour de l'évêché de Passau que fut créée la «chanson des Nibelungen» en 1200.

In Passau an der Donau endet unsere Bildreise durch Bayerns Städte und Bayerns Landschaften. Von Aschaffenburg im Nordwesten bis Passau im Südosten reicht dieses herrliche Land, das für zehn Millionen Menschen Heimat, für viele aber Wunsch- und Traumland und das beliebteste Urlaubsland der Republik ist. Sicher, dieses Land hat auch andere Seiten, es hat rauchende Fabriken, kranke Wälder, verschmutzte Gewässer – aber wir wollten zeigen, was Bayern war, was Bayern ist – und was es bleiben soll: ein schönes, liebenswertes Stück Deutschland, eine große europäische Kulturlandschaft.

Our illustrated journey through the scenery of Bavaria ends on the banks of the Danube at Passau. The splendid state of Bavaria extends from Aschaffenburg in the north-west to Passau in the south-east; for 10 million people it is home, for many more a fairytale land, the most popular holiday area in Germany. Of course Bavaria has smoking chimneys, acid rain, polluted water, but we have aimed to show what Bavaria was, what it still is, and what we urge it should remain: Germany's pride and joy and one of Europe's great cultural regions.

Notre périple à travers les villes et les paysages bavarois s'achève devant Passau au bord du Danube. Entre Aschaffenburg dans le nord-ouest et Passau au sud-est s'étend cette région magnifique qui est le pays de dix millions de personnes, l'endroit rêvé pour des milliers d'autres et le but de vacances préféré des Allemands. La province a certes d'autres facettes, des usines enfumées, des forêts en péril et des eaux polluées. Mais la Bavière reste ce qu'elle est: une des plus belles régions d'Europe.

BILDNACHWEIS / mention of sources used / indication de la source

BA Huber, Garmisch	44, 46, 50, 54, 55, 58/59, 63, 65, 67, 78/79, 80, 83, 84/85, 90, 95, 99, 109, 112, 126/127, 130/131, 133, 134, 135, 136, 142/143, 146, 149, 152, 153, 154/155, 156, 158/159, 162, 166/167, 202, 208
BA Kinkelin	51, 77, 92/93, 119, 128, 132, 165, 183
Horst Ziethen	41, 48, 56, 57, 97, 102, 116, 147, 148, 182, 196, 200
Foto Löbl-Schreyer	52, 58/59, 62, 64, 72, 74, 75, 94, 95, 141, 177
Werner Otto	96, 150, 180/181, 185, 189, 193, 194, 197, 199
Friedmar Damm	42/43, 76, 81, 138/139, 169, 176, 190/191, 192
Stuttgarter-Luftbild Elsäßer GmbH	65, 98, 100/101, 129, 151, 174/175, 184, 201, 206
Christian Koch	55, 82, 86/87, 186, 187
Toni Schneiders	60/61, 89, 91, 103, 105, 106/107, 110/111, 118
Marco Schneiders	104, 123, 125, 160
Fritz Mader	47, 49, 70/71, 73, 88 (Rothenburg-Titel), 207
Manfred Mehlig	68/69, 114/115, 122, 170/171, 188
Gerold Jung	144, 161, 168, 205
BA Xeniel-Dia	140, 164, 179, 203
Bildarchiv R. Kirsch	Titel u. 172, 121, 163, Rücktitel
BA Silvestris	137, 178, 204
BA Anthony Verlag	45, 66
Fotoagentur H. Lade	53
Werner H. Müller	120
BA Transglobe	54, 157
Foto Baumann	173
Luftbildverlag Hans Bertram	146
BA Friedrich Bormann	117
Hubertus J. Eder	195
Emanuel Gronau	145
Heinz Hoffmansbeck	198
BA Rudolph	124
Foto Sienz	108
BA Tipho	113

Die Panoramakarten auf dem Vor- und Nachsatz sind von C. Berann und stammen aus der Deutschland-Panoramakarte. Die Abbildung erfolgt mit Genehmigung von Maiers Geographischem Verlag.

Flieden
Mellrichstadt
Hildburghausen
Eisfeld
Schlüchtern
Bad Neustadt
Bad Königshofen
Bad Brückenau
Coburg
Bad Orb
Bad Kissingen
Lichtenfels
Hofheim
Hammelburg
Schweinfurt
Ebern
Gemünden
Haßfurt
Lohr
Eltmann
Aschaffenburg
Karlstadt
Werneck
Bamberg
Gerolzhofen
Volkach
WÜRZBURG
Kitzingen
Regnitz
Tauberbischofsheim
Ochsenfurt
Neustadt a.d. Aisch
Bad Mergentheim
Buchen
Creglingen
Bad Windsheim
FÜRTH
Boxberg
Rothenburg
NÜRNBERG
Dörzbach
Blaufelden
Ansbach
Schwabach
Jagsthausen
Künzelsau
Langenburg
Roth
Öhringen
Schwäbisch Hall
Crailsheim
Feuchtwangen
Gunzenhausen
Jagst
Dinkelsbühl
Ellingen
Weißenburg
Gaildorf
Backnang
Oettingen
Winnenden
Aalen
Bopfingen
Nördlingen
Schwäbisch Gmünd
Schorndorf
Harburg
Kaisheim
Donauwörth
DONAU
Göppingen